- 四川省人文社科重点基地项目"新文科背景下大学生法治意识和法治精神培育研究"（编号：CJF21029）
- 西华师范大学校本科研项目"后扶贫时代背景下留守儿童关爱法治化研究"（编号：412803）
- 西华师范大学博士科研启动项目"乡村振兴背景下留守儿童关爱法治化研究"（编号：416908）
- 西华师范大学出版基金资助

# 学校法治教学研究

蒲鸿志 —— 著

四川大学出版社
SICHUAN UNIVERSITY PRESS

### 图书在版编目（CIP）数据

学校法治教学研究 / 蒲鸿志著. -- 成都：四川大学出版社，2024.8
ISBN 978-7-5690-6812-2

Ⅰ. ①学… Ⅱ. ①蒲… Ⅲ. ①政治课－教学研究－中小学 Ⅳ. ① G633.202

中国国家版本馆CIP数据核字（2024）第 079904 号

| | |
|---|---|
| 书　　名： | 学校法治教学研究<br>Xuexiao Fazhi Jiaoxue Yanjiu |
| 著　　者： | 蒲鸿志 |
| 选题策划： | 李　梅　梁　平 |
| 责任编辑： | 李　梅 |
| 责任校对： | 倪德君 |
| 装帧设计： | 裴菊红 |
| 责任印制： | 李金兰 |
| 出版发行： | 四川大学出版社有限责任公司<br>地址：成都市一环路南一段24号（610065）<br>电话：（028）85408311（发行部）、85400276（总编室）<br>电子邮箱：scupress@vip.163.com<br>网址：https://press.scu.edu.cn |
| 印前制作： | 四川胜翔数码印务设计有限公司 |
| 印刷装订： | 成都金龙印务有限责任公司 |
| 成品尺寸： | 170mm×240mm |
| 印　　张： | 10.5 |
| 字　　数： | 201千字 |
| 版　　次： | 2024年9月 第1版 |
| 印　　次： | 2024年9月 第1次印刷 |
| 定　　价： | 68.00元 |

本社图书如有印装质量问题，请联系发行部调换

版权所有 ◆ 侵权必究

# 目 录

**第一章 概 论** ……………………………………………………………（1）
  第一节 学校法治教学研究概述 ……………………………………（1）
  第二节 学校法治教学研究的任务 …………………………………（3）
  第三节 学校法治教学研究的意义 …………………………………（6）
  第四节 学校法治教学的研究方法 …………………………………（8）

**第二章 学校法治教学的本质** ………………………………………（13）
  第一节 认识学校法治教学的本质 …………………………………（13）
  第二节 学校法治教学本质的新时代释义 …………………………（19）

**第三章 学校法治教学矛盾概论** ……………………………………（27）
  第一节 学校法治教学矛盾 …………………………………………（27）
  第二节 学校法治教学矛盾的具体表现 ……………………………（30）
  第三节 学校法治教学矛盾的运行 …………………………………（37）

**第四章 学校法治教学的课程标准、教材、教科书** ………………（44）
  第一节 法治课程标准 ………………………………………………（45）
  第二节 法治教材 ……………………………………………………（52）
  第三节 法治教科书 …………………………………………………（56）

**第五章 学校法治教学智慧课堂** ……………………………………（61）
  第一节 学校法治教学智慧课堂概述 ………………………………（61）
  第二节 学校法治教学智慧课堂建设现状 …………………………（66）
  第三节 学校法治教学智慧课堂建设策略 …………………………（69）

## 第六章　学校法治教学的规律……………………………………………（74）
### 第一节　学校法治教学中"教"的规律…………………………………（74）
### 第二节　学校法治教学中"学"的规律…………………………………（80）
### 第三节　学校法治教学中"教"与"学"的关系………………………（84）

## 第七章　学校法治教学评价………………………………………………（90）
### 第一节　什么是学校法治教学评价……………………………………（90）
### 第二节　学校法治教学评价的类型……………………………………（94）
### 第三节　怎样进行学校法治教学评价…………………………………（99）

## 第八章　学校法治教学方法………………………………………………（104）
### 第一节　学校法治教学方法概述………………………………………（104）
### 第二节　学校法治教学方法的构成……………………………………（109）
### 第三节　学校法治教学的特殊教学方法………………………………（115）

## 第九章　学校法治教学管理………………………………………………（122）
### 第一节　学校法治教学管理的基本问题………………………………（122）
### 第二节　学校法治教学管理的原则和方法……………………………（128）
### 第三节　学校法治教学管理模式及其发展趋势………………………（136）

## 第十章　学校法治教学中的道德与法治…………………………………（143）
### 第一节　道德与法治概述………………………………………………（143）
### 第二节　学校法治教学的德法并育……………………………………（148）
### 第三节　德法并育的教学策略与方法…………………………………（154）

## 参考文献……………………………………………………………………（161）

# 第一章 概 论

教学论是教育专业学生必修的一门基本理论与实践课程，主要探讨课程的设计、开发、实施与评价，以及教学理念、模式、方法和策略等方面的内容。教学论包含多个分支学科，如语文教学论、数学教学论、英语教学论和法治教学论等。本书专注于研究教学论中的学校法治教学论，这一研究以学校法治教学为主题。

研究学校法治教学具有多重意义：首先，它能丰富法治教学理论；其次，它能够解答分支学科教学论研究中的若干问题，进一步推动教学论研究发展；再次，它旨在解决义务教育阶段的"道德与法治"、高中阶段的"思想政治"以及大学思想政治理论课程"思想道德与法治"在教学实践中遇到的各种问题，满足教育和教学实践的需求；最后，它致力于将全面推进依法治国落到实处，为国家培养合格的法治人才。

## 第一节 学校法治教学研究概述

### 一、学校法治教学研究的概念

明确概念是研究的起点。明确"学校法治教学"这一概念，关键在于把握其本质和特征。目前，人们对学校法治教学的认识、研究和实践都不够深入，影响了法治人才的培养，也阻碍了社会大众法治素养的提高。深入研究学校法治教学尤为重要。只有通过研究，才能突破目前学校法治教学研究依附于思想政治教学的限制[1]，促进学校法治教学的发展和繁荣。

---

[1] 中国高校目前的思想政治教育专业学习中，还没有专门的法治教学论，法治教学理论研究归属于思想政治学科教学理论研究。就教育、教学改革的形势和依法治国的实际需要而言，急需改变这种研究现状。

教学是一个动态过程，它以课程为中介，教师和学生双边互动。[1] 有学者认为，"教学"就是"教"的人指导"学"的人进行学习的活动。[2] 教学论，就是研究"教"与"学"的理论。学校法治教学论，就是研究学校法治教学"教"与"学"的理论。学校法治教育研究覆盖了从义务教育到高中再到大学的不同教育阶段。狭义的学校法治教学研究，主要关注法治课程中的"教"与"学"的理论，广义的学校法治教学研究则更广泛地研究如何提高个人法治素养。

学校法治教学论是研究学校法治教学规律的理论，其研究结果基于对大量学校法治教学实践经验的深入总结。为了探索学校法治教学的内在规律，研究者必须深入教学一线，亲身体验学校法治教学过程，在此基础上，以马克思主义的立场、观点和方法为指导，将实践经验提升为理论总结。

学校法治教学研究应当以开放的心态，吸收不同国家和地区、不同学科中先进的教学方法和成果，使学校法治教学理论研究始终走在实践的前沿，为学校法治教学实践提供有力的理论支持。

学校法治教学研究的核心任务在于探究学校法治教学中固有的、本质的、必然的联系，为不同类型的学校法治教学实践提供理论支持。这一研究不仅服务于法治教育领域的教师，也服务于相关专业的学生，通过法治教学理论指导学生更深入地学习法治知识，促进学生的全面发展。

## 二、学校法治教学研究的对象

关于教学论的研究对象，国内学者主要持有三种观点：第一种观点认为教学论应该研究普遍的教学规律，第二种观点认为教学论应该专注于研究教学活动本身，第三种观点则认为教学论应该研究教学中出现的问题。[3] 本书所指的学校法治教学研究对象基本囊括上述三种观点，即学校法治教学不仅研究法治教学领域的普遍教学规律，还关注法治教学活动本身以及教学过程中出现的问题。

学校法治教学研究的对象非常广泛，从教学内容来讲，包括法律知识、法律原理、法律案例等，以及如何将这些内容有效地融入教学中。从教学方法来

---

[1] 李朝辉. 教学论 [M]. 2版. 北京：清华大学出版社，2016：4.
[2] 李秉德. 教学论 [M]. 2版. 北京：人民教学出版社，2001：2.
[3] 裴娣娜. 教学论 [M]. 北京：科学出版社，2007：15—16.

讲，它研究不同的教学方法和策略，如案例教学、讨论教学等，以及它们在法治教学中的应用。从教学目标来讲，它需要研究如何培养学生的法治意识、法治思维和守法行为习惯等。

学校法治教学研究的对象是动态变化的，它随着社会法治环境的变化和教育需求的更新而调整。

## 第二节　学校法治教学研究的任务

### 一、研究学校法治教学的规律

学校法治教学研究的基本任务是深入理解学校法治教学的本质及其基本规律，研究的成果应能合理解释学校法治教学现象，并为学校法治教学实践提供理论指导。学校法治教学规律指的是在现代法治教学过程中，教学要素之间以及教学要素与教学目标之间存在的必然联系。这些规律与具体的教学现象不同，它们是稳定的、必然的、客观的，不受个人意志的影响。学校法治教学的根本任务是通过观察教学现象，把握这些教学规律。学校法治教学规律既具有一般教学规律的共性，也具有独特性，在对其进行探究时，需要将其与其他学科的教学规律研究相结合。

学校法治教学规律既包括教师角度的教学规律，也包括学生角度的学习规律。

#### （一）教师角度的教学规律

学校法治教学中"教"的规律，即担任相关课程的教师应该教什么、如何教，以及如何有效地教。学校法治教学的核心在于对我国法治精神实质的理解和把握。相关课程教师只有掌握了我国现行法律制度的实质、法治精神的核心，才能在学校法治教学中更好地选择教学内容。

学校法治教学怎么教与法治教学的效果密切相连。学校法治教学的教学效果，体现为教师教起来顺利、高效，教学任务完成得好。学校法治教学的教学效果不仅取决于法治教师本身的法治专业素养、教学水平，也取决于学生的"学"——学生"怎么学"对"教"的效果起促进或阻碍作用。

## （二）学生角度的学习规律

学校法治教学中"学"的规律，指的是学生在法治课学习这一活动中涉及的各种因素之间内在、本质且必然的联系。这些因素既包括学生自身的内在因素，如学习方法、年龄、知识基础、智力水平、心理状态和体质等；也包括外在因素，如学习环境、学习条件、教育资源、资金投入和教学设施等。研究学生"学"的规律对研究教师"教"的规律十分重要。没有"学"，就无所谓"教"，"教"是为"学"服务的，研究"教"是为了学生的"学"。

在学校法治教学中，学生"学"的过程是复杂的，对"学"的规律的研究不能只看学生学习过程中表现出来的表面现象，而应该深入研究其本质。

## 二、研学校法治教学的价值取向

研究学校法治教学的价值取向，就是研究影响该门课程教师教学的思想观念。教师的教学观通过教学行为体现出来，表现为各种教学现象。研究学校法治教学的价值取向，是为了解决"为什么教"和"为谁教"等问题，并逐步使教师确立正确的教学观，从而帮助学生树立正确的学习观。从这一点上看，研究学校法治教学的价值取向在某种程度上比法治教学活动本身更为重要。

关于学校法治教学的价值取向的理解是多方面的，我们既可以从国家的价值观指引上理解，也可以从教师个人的教学倾向上理解，既可以在纵向上进行历史挖掘，也可以在横向上进行对比分析，还可以从现实的教学现象出发进行思考，其研究是多层面、多视角的。

第一，从国家的价值指引来看，在我国，法治教学是国家意志的具体体现。我国的法治教学旨在培养社会主义法治人才，法治教学活动不仅是一般的社会活动，也是体现国家意志的一种活动。在我国，社会主义核心价值观应全面贯穿法治教学研究和教学活动的各个环节。法治教学研究需要关注社会主义核心价值观在法治教学中的体现。

第二，从教师的教学倾向来看，每一位法治课教师在教学中都会体现出特定的教学倾向，这种倾向体现了教师的教学个性或特点。在具体教学中，有的法治教师重视教学结果，有的则更重视学生的学习过程；有的认为法治教学是可预设的，有的则认为法治教学是不可预设的，是师生共同生成的。这表明，有的法治教师更重视教师的"教"，有的更重视学生的"学"，有的则"教"与"学"并重。归根到底，这涉及是坚持以教师为中心还是以学生为中心。总之，随着社会生活的变化，法治教师需要适应新形势，及时转变教学观念，重视对学生相关能力的培养。

第三，从教学活动的历史发展来看，考察人类有史以来的教学现象，可以发现教学活动都是一定历史条件下，占支配地位的统治阶级意志的体现，具有鲜明的教学价值取向。奴隶社会的教学活动，体现奴隶主阶级的意志；封建社会的教学活动，体现封建地主阶级的意志；资本主义社会的教学活动，体现资产阶级的意志；社会主义的教学活动，体现无产阶级的意志。当然，教学活动体现统治阶级意志这一特点，从整体来看并没有错，不过在阶级社会里，一些纯粹的技术性教学活动并没有明显的阶级性。

第四，从横向对比分析来看，社会主义社会的法治教学与资本主义社会的法治教学体现的价值观完全不同。资本主义社会的法治教学不仅充满阶级偏见，其教学内容本身也是为资本主义的社会制度辩护的。而在社会主义社会，法治教学是为人民大众服务的，法治教学活动代表的是人民的利益，维护的是社会主义的社会制度。这两种法治教学体现的阶级意志显然不同，在比较的视角里并不存在中立的教学价值观。

第五，从学校法治教学的实际状况来看，学校法治教学活动的教学内容，是由政府的宣传部门、教育部门直接编写或委托机构、个人审核编写的，违背人民根本利益的材料和内容不会被选进教材，这体现了法治教学活动的价值取向。法治教师所在的教育机构必须接受国家的领导，体现政府的意志。

### 三、研究如何提高学校法治教学水平

学校法治教学论最直接的任务是提高学校法治教学水平。学校法治教学水平主要体现在三个方面：课堂教学质量、教师的教学艺术、学生的学习质量。

提高学校法治教学的课堂教学质量是学校教学活动关注的核心问题。整个法治教学研究的主要目的就是为提高法治教学质量服务，社会评价一所学校的好坏，主要也是看其教学质量。提高学校法治教学质量不仅关系到学生对法律知识的掌握和理解，也是培养学生法治意识和法治精神的关键。为了实现这一目标，学校可以通过加强师资培训、更新教学内容、创新教学方法、强化实践环节、营造法治氛围、跨学科融合等方式提高学校法治教学的教学质量，为学生打下坚实的法治基础。

教学不仅是一门技术，更是一门艺术。教学艺术是一种高度专业化的教育实践，它要求教师不仅要掌握扎实的学科知识，还要具备将这些知识以富有吸

引力和有效性的方式传授给学生的能力。教师需要遵循教学规律和学生的成长规律，通过个性化教学、创造性思维、情感投入、灵活运用教学方法等方式提升自己的教学艺术。

学生在学校法治课中的学习质量，体现在学生对法治教学学习方法的掌握，以及对国家法律制度、法治文化的认同，认识到这些制度对于维护社会秩序和保障公民权益的重要性，建立起对社会主义法治的信仰，认识到法治是维护社会公正和推动社会进步的重要力量。

## 第三节　学校法治教学研究的意义

### 一、有利于全面认知教材，服务教学

现代社会是法治社会，义务教育阶段的相关课程一般叫"道德与法治"，高中阶段的叫"思想政治"，大学阶段的相关课程一般叫"思想道德与法治"。各阶段法治教师应全面理解教材内容，服务法治教学。

学校法治教学的教材要跟上时代步伐，不断吸取鲜活的时代素材，保持其生命力。如何将法治内容融入教材，如何处理法治教学内容与道德教学内容的关系，以及确定两者在教材中的合理比例，都是学校法治教学研究需要关注的问题。学校法治教学研究对法治教学进行了全方位的思考，既指出其优势，也发现了其弊病。法治教师应该关注学校法治教学研究，站在理论高度，用先进的教学思想和理论检视法治教学活动，推动学校法治教学向更好的方向发展。

法治教学的方法与道德教学的方法有联系，但又不能完全等同。法治教学包含法律和治理的要求，法律规范多是强制性的；道德规范则不具有强制性。将法治教学与道德教学有机结合，是学校法治教学研究的一个重要课题。因此，学校法治教学的理论工作者和教师应当积极投身于法治教学研究。当现行教材的法治内容未能全面覆盖社会生活的实际情况时，教师应主动采取措施，弥补教材的不足，如可以通过引入最新的法治教学研究成果、丰富的法治案例以及相关辅助材料来实现对教材的补充。

## 二、有利于提升学生的法治素养

法治素养的培养是一个渐进的过程。法治素养与学生的日常生活密切相关。无论是日常生活中的衣食住行，还是更广泛的社会活动，都可以从法治的角度来理解和规范。例如，住房问题涉及房屋所有权、土地使用权以及继承权等相关法律问题；在购买大米等商品时，涉及买卖双方之间的权利和义务。每个人都有遵守社会秩序、不干扰他人正常生活的义务，同时也享有生存权、生命权和健康权，这些权利不应受到非法侵犯。法律与每个学生的生活息息相关，我们的生活时刻都受到法律的规范。

### （一）法治素养与学生的受教育权利密切相关

在学校，学生享有受教育的权利，这些权利受到法律的保护。《中华人民共和国宪法》以及《中华人民共和国义务教育法》《中华人民共和国教育法》等相关法律都明确规定了公民的受教育权利。具体来说，学生拥有学习权、参加考试权、获得公正评价的权利，以及基于学习成绩和表现突出而获得奖励的权利等。具备一定的法治素养，有助于学生充分认识并行使这些权利。

### （二）法治素养与学生的社会参与能力密切相关

在社会中，缺乏法治素养可能导致人们不清楚哪些行为是被允许的，哪些行为是被禁止的，以及如何正确行动。法治教育的目的，在于培养人们在面对问题和进行人际交往时，不仅能够从道德的角度出发，更能够从法治的视角来认识和处理问题。

### （三）法治素养与学生的爱国精神和爱国行为密切相关

爱国是每个公民的义务，遵守宪法等相关法律法规，维护国家的安全、荣誉和利益是每个公民的基本责任。从法律角度来看，不履行这些义务可能会受到法律的制约或处罚。因此，法治教育不仅能引导学生从法治角度思考问题，对培养学生的爱国精神和行为也具有重要意义。

长期以来，学校的法治教学内容往往更多从道德、管理和政治角度出发，而从法治角度教授学生认识人与世界的内容则相对较少。尽管目前"道德与法治"、"思想道德与法治"等课程已经有了规范教材，但在实际教学过程中，法治视角的缺失或不足的问题仍然存在。

### 三、有利于全面依法治国

依法治国是党领导人民治理国家的基本方略。我国宪法规定实行依法治国，并强调依法治国与以德治国的有机结合。然而，由于中国社会长期受农耕文明的影响，一些人还没有养成依法行事、保护自己的权利的习惯，对法治精神与法律法规了解不多。传统上，我国社会关系可能更多地基于"熟人社会"的模式，这种模式强调家庭和社会关系的重要性。这种观念将"家"与"国"相提并论，将治国与治家类比，这在一定程度上体现了对尊长的重视，但这种模式与现代法治理念并不完全一致。

在现代社会，市场在资源配置中起决定性作用。人与人之间的正常交往、社会的正常运作，都离不开法律的规范。在陌生人社会中，法律成为维系社会秩序的关键。因此，想要实现依法治理社会，提高每个人的法治素养尤为重要。

依法治国是现代国家治理体系和治理能力现代化的体现，它要求国家的一切行为都必须在法律框架内进行，维护法律的权威和尊严。全民法治素养的提升是实现依法治国的基础，包括民众对法律知识的了解、对法治精神的认同以及在日常生活中遵守法律的习惯。法治人才不仅要掌握法治知识和技能，更要具备法治精神。对学生法治精神的培养离不开法治教学。当前的法治教育中存在一些问题，如一些法治教师对法治知识的了解不够深入，没有真正理解法治精神的内涵，这使得他们难以准确传达法治精神。

## 第四节　学校法治教学的研究方法

学校法治教学是社会科学的一个领域，其学习和研究方法既体现了社会科学的普遍性特征，也展现了学校法治教学研究自身的特殊性。学习和研究可以视为同一过程的不同阶段：以研究的态度来学习，学习便融入了研究的元素；以学习的态度来研究，研究过程中也将不断吸收新知识。本节将从法治课教师、法治教学论的研究者以及学习者的角度，探讨学校法治教学的研究方法。

## 一、以教育哲学为指导

学校法治教学的研究应首先以马克思主义哲学为指导。马克思主义哲学不仅是一种世界观,也是一种方法论。深入学习学校法治教学的实质,在于对马克思主义哲学的理解和掌握。要学习马克思主义哲学,需要精读其经典著作,并把握其精神实质,以便更好地指导学校法治教学的研究和学习。马克思主义哲学的真理是朴实而深刻的,通过学习原著,我们可以更好地理解和应用它。

教育哲学包含多种理论视角,其中马克思主义哲学提供了关于教育、社会结构和人类发展的重要分析工具,对教学实践具有极大的指导作用。教育哲学既是对教学经验的提炼,也是对教学实践的指导。学习法治教学论时,结合教育哲学有助于我们在面对关于教学理论的争议时做出清晰的判断,尤其是在理论尚未给出明确答案的情况下,从教育哲学的角度进行思考,能够帮助我们抓住教育的本质。教学,作为一种理性的实践或探险,也应该帮助学生形成正确的理性观。[①] 学校法治教学研究应从教育哲学的高度出发,从培养学生正确理性观的角度审视教学理论和实践,以提升学生的理性思维。

在学习或研究学校法治教学时,忽视教育哲学会导致两种倾向:教条主义和经验主义。教条主义是对法治课教学理论的机械理解,缺乏根据教学实践进行变通的能力,这种方法不仅无效,而且可能抑制法治教学的创新和发展。经验主义可能过分侧重于个人或群体经验,却未能充分考虑经验的局限性。要突破这些局限,实现更深层次的理解,教育哲学的指导显得尤为重要。

## 二、密切联系相关课程

学校法治教学不是一个孤立的研究领域,它与各种学科存在着千丝万缕的联系,深入研究学校法治教学要求我们重视对其他学科教学论的了解,吸取它们的长处。

学校法治教学论与思想政治教学论有着密切的联系。在一些高校中,学校法治教学论的内容往往被融入思想政治教学论中。小学和初中的思想政治课程通常叫作"道德与法治",显示了法治教学与道德教学的结合。鉴于关于学校法治教学的研究尚不多,该领域的理论支撑在很多方面依赖于思想政治教学研

---

① 石中英. 教育哲学导论 [M]. 北京:北京师范大学出版社,2004:218.

究，因此在进行学校法治教学研究时，必须结合思想政治教学论。

教育学是研究教育规律的科学，它对教学规律的揭示构成了法治教学研究的基础。要深入研究学校法治教学，首先需要有扎实的教育学知识。教学论专注于研究一般教学规律，学校法治教学则注重研究学校领域的法治教学规律。教学规律是教师在教学过程中应当把握的客观规律，遵循教学规律对教学实践具有十分重要的意义。[①] 研究学校法治教学应在理解一般教学规律的基础上，进一步探究法治教学的特殊性。这意味着学习者需要在掌握教育学和教学论的一般原理后，深入挖掘学校法治教学的独特要素。

课程论与教学论紧密相连，课程作为教学的中介，无论是实体还是虚拟形式，都是教学论研究的重要组成部分。在学校教育中，课程通过教材体现出来，如中小学的"道德与法治"和高中的"思想政治"课程，以及大学的"思想道德与法治"等，都是法治教学论研究的重要参考。

## 三、以解决问题为中心

在研究学校法治教学的过程中，需要坚持问题导向。解决学校法治教学中遇到的问题不仅是学校法治教学研究的目的，也是其直接动机，强烈的问题意识能够增强研究的针对性和效率。

问题意识能够显著提升学校法治教学研究的效率。例如，如何处理法治教学中道德与法治的关系，如何探索学校法治教学的特殊方法、培养学生的法治素养，以及如何将学校法治教学的理论学习与解决生活中的实际问题紧密结合。问题意识关系到法治教学的有效性。

在法治教学中，不同主体面临的问题各不相同。教师和学生在教学过程中遇到的问题各有特点。因此，研究学校法治教学时，应努力做到具体问题具体分析，针对不同的问题投入不同的精力。学校法治教学研究中讨论的问题往往是一般性的问题，每位学习者应将理论与具体教学问题以及自身的学习情况紧密结合。

学校法治教学中出现的各种问题，归根结底是培养人的问题。学校法治教学应以学生为中心，围绕学生的需求开展。学校法治教学不仅要为教师的教学服务，解决教学中的问题，更要服务于育人的目标，培养具有法治素养的学生。因此，在进行学校法治教学研究时，教师需要深入研究学生的年龄、需

---

[①] 李朝辉. 教学论[M]. 2版. 北京：清华大学出版社，2016：84.

求，在法治教学实践中，促进学生发展。

### 四、研究课堂教学实践

深入研究学校法治教学，必须认真研究和总结法治课堂的教学实践经验。学校法治教学论源于实践，尤其是课堂教学活动——它是最丰富的实践源泉。重视并深入研究法治教育的课堂教学，关注其教学效果，尤其是在培养学生法治素养方面的成功经验和需要改进之处，是至关重要的。课堂教学目标的实现被视为评价一堂课有效性的基本标准。人们对课堂教学目标的理解可能多种多样，但真正深入理解课堂教学本质，能够更深刻地启示我们如何认识和分析学校法治课堂教学的各个方面。

教育学者叶澜曾说过，我们要把教学改革的实践目标定在探索、创造充满生命活力的课堂教学上，因为只有在这样的课堂上，师生才是全身心地投入，他们不只是在教和学，他们还在感受课堂中生命的涌动与成长，也只有在这样的课堂上，学生才能获得多方面的满足和发展，教师的劳动才会闪现出创造的光辉，教学才不只是与科学相关，而是与哲学、艺术相关，才会体现出其育人的本质。[①] 叶澜的这种理解揭示了课堂教学的核心，对学校法治课堂教学研究具有重要的指导意义。对学校法治课堂教学的提升应从以下方面入手：

第一，思考法治课堂教学是否注重培养学生的法治素养。法治课堂教学应专注于培养学生的法治素养，这是法治课堂教学区别于其他类型课堂教学的关键。教师需要从法治教学的角度出发，围绕法治课堂的基本要求来设计和实施教学。

第二，思考法治课堂教学是否充满生机与活力。法治知识不应被视为枯燥的教条，而应是激发学生积极性和个性发展的内容。教师应努力使法治课堂成为充满活力和创造性的环境，让学生感受到法律与个人生活的紧密联系。

第三，思考法治课堂教学是否有助于学生的思想提升。法治课堂不仅要传授知识，更要提升学生的思想。教师应通过生动的例子和深入的讨论，帮助学生开阔视野，深化对法治教学实质的理解，从而提高他们的思想觉悟。

总之，教师需要不断研究法治课堂的特征和实质，通过总结有效的教学经验，不断提高法治课堂教学的效果。

---

① 叶澜. 让课堂换发出生命活力——论中小学教学改革的深化 [J]. 教育研究，1997（9）：3-7.

### 五、继承、批判、创新

学校法治教学研究在继承中发展。学校法治教学研究必须从教育学、教学论等相关学科中吸取研究成果，促进本学科的发展。继承不是简单的模仿，而是要吸收其他学科的研究方法和核心思想，并将其与学校法治教学研究融合，避免形式上的简单叠加，确保学科发展的连贯性和深度。

在学校法治教学研究的过程中，批判的态度和方法也是必不可少的。继承与批判在学校法治教学研究中是对立统一的，两者都是重要的学习方法。在学校法治教学研究中，继承的研究方法可能被广泛使用，但批判的方法却很少被应用。这背后的原因有两方面：一方面，相关学科内容中批判性思维较为少见，在这种教育模式下，学生往往不敢质疑教师讲授的内容或教科书上的观点。然而，无论是自然科学还是社会科学，培养学生的批判精神都是十分重要的。人类的发展正是在不断质疑和探索中取得进步的。另一方面，许多研究者可能没有掌握科学的批判方法。科学研究中的批判性思维是一种重要的技能，它帮助研究者评估证据，识别偏见、逻辑漏洞和潜在的错误。掌握科学的批判方法对于确保研究的质量和可靠性至关重要。

创新是学校法治教学研究的精髓。单纯的继承和批判不足以推动学科前进，创新才是关键。在依法治国的大背景下，社会对法治教学提出了新的要求，这要求学习者和研究者提出创新性的解决方案。创新意识是推动社会进步和科技发展的关键因素。在当今快速变化的世界中，拥有创新意识和开拓精神的人才能够更好地适应环境，解决复杂问题，创造新的价值。因此，学校法治教学应将培养学生的创新意识和开拓精神作为素质教育的重点任务。

# 第二章 学校法治教学的本质

学校法治教学研究需要聚焦学校法治教学的本质。理解学校法治教学的本质对指导具体的教学活动具有重要意义,只有准确理解并把握学校法治教学的本质,我们才能确保在实际的教学活动中保持正确的方向。学校法治教学涉及教学主体、教学评价、课堂管理、学生、教师、教学准备和教学总结等多个方面。如果教师对学校法治教学的本质理解不清,可能会导致其在教学实践中出现偏差。例如,教师教学可能过分强调形式而忽视了学生、家长和社会的实际需求,使用脱离实际的、理想化的教学理念来指导法治教学,无法满足学生的实际需求。此外,如果法治教学过程中法治因素不足,可能会导致法治教学与其他学科教学缺乏区分度。

为避免上述问题,学校法治教学研究必须深入研究法治教学的本质及其在新时代的释义,并确保这些内容体现在具体的教学活动中,如明确法治教学的目标、内容、方法和评价标准,确保教学活动既符合法治精神,又能满足学生成长和社会发展的需求。

## 第一节 认识学校法治教学的本质

### 一、如何认识学校法治教学的本质

(一)学校法治教学的本质与现象

学校法治教学的本质与学校法治教学现象紧密相关。对学校法治教学本质的认识应从观察和分析具体的教学现象开始。例如,学生的学习过程、教师的教学方法、作业的完成与批改、期末考试、日常教学检查、教研室活动以及教学实践等。对学校法治教学现象的认识是理解其本质的基础。研究者如果无法把握学校法治教学的本质,往往是因为对相关教学现象缺乏足够的了解。为了深入研究学校法治教学的本质,研究者需要走进法治教学课堂,了解课堂教学的实际情况,同时,倾听家长和社会对学校法治教学的反馈。此外,了解国家的法治教学政策和宏观规划对于把握学校法治教学的方向和重点具有重要意义。通过观察和分析学校法治教学现象,结合对国家政策和规划的理解,我们可以更全面地认识学校法治教学的本质,从而提高教学质量和效果。

然而,要完全地反映整个的事物,反映事物的本质,反映事物的内部规律性,就必须经过思考作用,将丰富的感性材料加以去粗取精、去伪存真、由此及彼、由表及里的改造制作功夫,造成概念和理论的系统,就必须从感性认识跃进到理性认识,[①] 也就是说,对于学校法治教学而言,我们需要在观察到的多样教学现象的基础上,通过深入的思考来达成对其本质的认识。

学校法治教学的本质是指其根本性质,即在学校法治教学中,各种因素之间存在的内在和必然的联系。这些因素不仅包括人的因素,如教师和学生;也包括物的因素,如教学材料和环境。学校法治教学的本质体现在人的因素的内在联系,以及物的因素的内在联系。学校法治教学的规律性表明,这些内在联系是可重现的和稳定的。这意味着在不同的学校法治教学情境中,这些规律会以相似的方式重复出现,为我们提供一个稳定的参照点,从而有助于我们理解和把握学校法治教学的深层本质。

(二)认识学校法治教学的本质的方法

要认识学校法治教学的本质,我们不能仅仅依赖对教学现象的直观观察,更需要通过深入的分析和思考,揭示其内在的联系和规律。这要求我们超越表面现象,通过理性思考,探索和理解学校法治教学的深层次结构和机制。

学校法治教学的研究者要深入把握学校法治教学的本质,必须从培养和训练自己的思维能力开始。这包括掌握基本的逻辑方法和逻辑规律,学会如何界定概念、做出判断和进行推理。

1. 把握学校法治教学中的联系

学校法治教学中存在着多种联系,如偶然联系、外部联系和表面联系等。这些联系并不构成学校法治教学的本质。学校法治教学的本质是一种确定不移的、必然发生的、反复出现的规律性、趋势性的东西。要全面理解学校法治教学的本质,必须将其与法治的本质联系起来,考虑它在阶级社会中所维护的群

---

① 毛泽东. 毛泽东选集:第一卷[M]. 北京:人民出版社,1991:291.

体的利益。当然,我们也要注意,学校法治教学的本质不能简单地等同于法治的本质或教学的本质。

2. 通过思维把握学校法治教学的本质

不同的人由于所站的角度不同,对学校法治教学的本质的认识也会有所不同。学校法治教学的本质是客观的,不以个人是否承认为转移;然而,学校法治教学的本质又是抽象的,不可见、不可触的,只能通过人的思维来理解。不同的人由于受到的教育、经历和社会阅历的差异,以及阶级立场的不同,他们的思维方法也会有所区别,因此对学校法治教学本质的把握也会有所不同。这就意味着,学校法治教学的本质在不同主体的思维中体现的主观形式是多样的。这里的主观形式指的是不同主体对学校法治教学的本质在思维中的理解和表达——这种表达通常通过语言来体现,通常是不同的。我们不能期望每个人对学校法治教学的本质的认识在语言表现上完全一致。不同的人对学校法治教学的本质的认识层次、层面和角度是多样化的。当然,这种认识的主观性并不否认学校法治教学的本质的客观性。

对学校法治教学的本质的认识是一个逐步深化的过程。个体对学校法治教学的本质的认识会受到来自不同方面多种因素的影响。就其具体情况而言,这一认识过程是一个不断排除干扰、持续深化的过程。这也提醒我们,不要轻易认为自己已经完全掌握了学校法治教学的规律,从而在学校法治教学中任意行事。在当前阶段,我们应当特别重视对学校法治教学的本质的深入理解。

## 二、从不同层面认识学校法治教学的本质

### (一) 从国家层面认识学校法治教学的本质

学校法治教学的本质是多维度的,其最高层次是国家层面的本质。从国家层面看,学校法治教学的本质是服务于国家的整体利益,也就是说,它服务于统治阶级的利益。因此,学校法治教学的国家层面的本质也可以理解为学校法治教学的阶级性。

1. 理解学校法治教学服务于国家整体利益

从法治的起源来看,法律和社会治理本身就具有阶级性,它们服务于统治阶级的整体利益。从根本上说,法治社会所依赖的法律本身就是阶级社会的产物。阶级的出现导致了法律的产生,因此,法治具有阶级性。既然学校法治教

学的基本内容是法治，其本身也就不可避免地具有阶级性。

从教育的角度来看，尽管教学活动在执行社会公共事务职能时可能表现出一定的非阶级性（这一点与法治相似），但从总体上讲，教育和教学是为统治阶级服务的，因此它们也具有阶级性。明确这点，有助于我们理解学校法治教学的阶级性。

然而，我们也应该认识到，随着人类文明的不断进步，学校法治教学在执行社会公共事务职能方面的作用将日益增强。未来，学校法治教学的阶级性可能会逐渐减弱，而非阶级性的特征将变得更加显著。这与马克思主义关于人类社会发展的观点相吻合，马克思主义认为，随着社会的发展，阶级和国家最终将消亡，人类社会将实现共产主义。因此，学校法治教学应该明确其本质发展趋势，确保在法治教学过程中不会迷失方向。

当前，我国提出了构建人类命运共同体的理念。学校法治教学在构建人类命运体上应有何作为？学校法治教学活动应在执行社会公共事务职能时扩大其服务范围，如关注当今世界其他国家人民的生活和幸福。也就是说，学校法治教学要贯彻保护世界人民的利益、构建人类命运共同体的理念，不能画地为牢、囿于一孔之见，应有大视野、大胸怀、大气度。

2. 理解学校法治教学的意识形态性

我们也应看到学校法治教学国家层面本质的意识形态性。虽然和平是当今世界的大趋势，但局部战争和贫富差距依然存在，并且在短期内难以完全消除。因此，学校法治教学自始至终要宣传中国共产党的主张，传导拥护中国共产党的理念；要鼓励学生为共产主义的远大理想而奋斗。

学校法治教学应该使学生了解到，当今中国的发展已经一日千里，中国的综合国力、人民的生活水平、社会文明程度都有了显著提升。特别是，我国的制度优势、道路优势、文化优势正在不断显现。因此，在学校法治教学的国家本质方面，我们必须时刻牢记其意识形态性，确保学校法治教学为无产阶级服务、为社会主义服务，同时，也要培养学生的批判性思维，使他们能够全面、客观地理解不同社会制度和文化背景下的法治实践。

（二）从人的成长层面认识学校法治教学的本质

1. 学校法治教学应结合学生实际

学校法治教学不是法治本身，社会主义各级各类学校的法治教学也不等同于社会主义法治。学校法治教学是一种教育活动，属于社会实践活动的一部分。教育的使命是培养人，这是由教育规律决定的。除了培养统治阶级所需要的人才外，教育教学活动还致力于培养具有社会责任感、生活技能、科学素养、自由精神、文化修养、专业技艺和艺术才能等全面发展的人。

马克思、恩格斯认为："人们为之奋斗的一切，都同他们的利益有关。""'思想'一旦离开利益，就一定会使自己出丑。"这些话为我们理解学校法治教学的本质提供了一种思路。在学校法治教学活动中，我们必须思考的问题是：学生为什么要上法治课？我们的学校法治教学能为学生做些什么？如果我们忽视了这些问题，学校法治教学可能会脱离学生的实际，与社会和现实脱节。

学校法治教学作为一种特殊的教学活动，与语文、数学、物理、化学等其他学科教学活动不同，它承载着特殊的教学使命，对学生的成长具有独特的贡献，这些贡献是其他学科教学活动所不能替代的。学校法治教学活动必须围绕学生的法治需求开展，为学生的成长成才提供必要的法治素养保障。换言之，学校法治教学活动旨在满足学生对法治的需求，通过培养法治素养，为学生的成长做出贡献。

学校法治教学活动应满足学生的实际需要，并解决他们在成长过程中遇到的现实问题。例如，当学生的受教育权受到侵犯时，学校法治教学应能为学生提供帮助；当学生的人身权利受到侵犯时，学校法治教学应提供解决路径的指引；当学生想要参与社会活动时，学校法治教学也应提供有用的参考建议。这就要求我们从学校教学的层面，对学校法治教学的本质有更深刻的理解。否则，学校法治教学可能会变成单纯的意识形态教育，只强调阶级性而忽视实践性。

2. 学校法治教学应培养学生的法治素养

学校法治教学活动能为学生的成长提供哪些具体的帮助呢？我们认为，学校法治教学应该培养学生的法治素养。学校需要在学校法治教学领域进行大胆改革，以改变现有的教学内容与学生需求不相适应的状况。学校法治教学不仅要进入学校、教材和课堂，更要深入学生的心灵，成为他们成长过程中有力的支撑。要实现这一目标，我们需要做很多工作，如更新学校法治教学观念、加强学校法治教学的硬件设施建设、从顶层制度设计上为学校的法治教学提供保障、培养学校法治教学人才、开展学校法治教学科研等。

尽管这些努力都是必要的，但最重要的还在于从教学层面真正理解学校法治教学的本质。这意味着我们要认识到学校法治教学不仅仅是传授知识，更是培养学生的法治意识、分析问题和解决问题的能力，以及在实际生活中运用法律的能力。

学校法治教学要关注学生成长，使学生能够用法律的武器维护自己的权利，培养学生敢于、能够维护自身权益的能力。学校法治教学应该培养学生正当的利益观，既要让学生明白维护自身的合法利益是成长道路上的正当诉求，同时又要教育他们不能损害集体利益、国家利益，也不能侵害他人的合法权利。对学生理想信念的教育仍然是学校法治教学的重要组成部分。

显然，从人成长的层面来认识学校法治教学的本质，就是要在学校法治教学中强调人的价值。在法治课堂中，学生是教学的中心和目的。然而，我国目前的学校法治教学在如何更好地服务于学生的成长方面，还有很长的路要走。例如，一些学校法治教学所依据的教材内容与学生的实际生活脱节，教师的学校法治教学目标往往仅停留在知识传授层面，没有充分考虑学生的成长。

### （三）从教学层面认识学校法治教学的本质

从教学层面认识学校法治教学的本质，是教学工作的内在要求，教学是学校的核心任务，也是设立学校的主旨。社会和家长对学校及教师的评价往往也是基于学校的教学质量和教师的教学能力。因此，从教学层面认识学校法治教学的本质是理所当然的。然而，在以往的认识中，我们对教学本质的理解往往局限于国家层面和人的成长层面，割裂了教学本质多层面之间的内在联系，未能全面面对教学需求和学校法治教学现状。

对学校法治教学本质的理解离不开教学活动，这不仅是学校法治教学的基本要求，也是教学实践中真实存在的现象。

从社会的角度来看，学校法治教学的本质是社会对学校法治教学质量的关注。学校法治教学的质量如何，往往通过考试评价体现。许多教育家和有先进教育理念的教师对过度依赖考试评价的现象表示担忧。这种担忧是合理的，也是必要的，然而，我们必须认识到，教学是一种现实的、客观存在的活动，考试作为一种选拔和评价人才的方式，在很多国家的教育体系中都占有重要地位。在中国，考试不仅是个人发展和获取教育机会的重要途径，也是国家选拔人才、推动社会进步和经济发展的一种手段。考试制度有助于确保教育公平，让每个人都有机会通过自己的努力获得相应的认可和机会。同时，考试也是教育质量监控的一种方式，可以帮助教育者了解学生的学习情况，不断改进教学方法和内容。

目前，我们还没有找到一种比考试更科学、更合理的方法来评价教学质量和学生的学习效果。进一步来说，在教学环境存在差异和社会公平尚不完善的情况下，盲目追求多样化的评价方式而放弃传统的考试，可能会带来一些问题。一方面，考试在一定程度上保证了评价的客观性和公正性；另一方面，如果考试制度设计不当，也可能被某些利益集团利用，导致教学评价不公，影响教育质量和社会发展。因此，对于教学中正确和有效的做法，我们应该坚持而不是简单否定。从学校教学这个层面来看，学校法治教学的本质确实与在特定学习阶段通过某种形式的考试来体现学习成果有关。

对于特定的教学活动，需要考虑如何设计学校法治教学试卷，如何评价学校法治教学的效果。随着计算机技术的发展，学校法治教学的考试评价也必须与时俱进，不断创新考试形式，以更有效地检验教学质量。因此，学校法治教学应坚定地追求教学质量，科学合理地设计考试试题，全面检验学生学习的效果。

从教学层面看，学校的法治教师应关心学校法治教学活动，尤其要把法治课堂教学作为核心任务。教师需要对教学内容和教学方法进行深入思考，不断推进学校法治教学的改革。这不仅是法治教师职业价值的体现，也是学校开展法治教学的重要目的。如果忽视了这一点，无论是教师个人还是学校整体，都可能失去其教育的根本意义。

然而，我们也应该认识到，一张试卷、一道试题所能检验的主要是学生的书面答题能力。即便我们设计的试题非常合理、巧妙，也不能期待它能够完全准确地反映学生的思想。"数据化的教育测评难以深入人在教育中的存在性境遇并对人的存在之样式、存在之状况进行理解。"① 因此，学校法治教学考试评价的只是教学现状的某个方面。尽管考试存在局限性，但我们不能因此就完全否定其在教学中的价值。问题不在于考试本身的合理性，也不在于学校对教学质量的重视或学生和家长对分数的追求，而在于我们对考试，尤其是书面试卷考试，寄予了过高的期望，这给考试制度带来了过重的负担。

## 第二节　学校法治教学本质的新时代释义

在新时代，学校法治教学的本质还可以总结为"铸法育人"。"铸法育人"，就是用社会主义的法治理念塑造新时代的法治人。这一概念并不陌生，教育领

---

① 金生鈜. 大数据教育测评的规训隐忧——对教育工具化的哲学审视 [J]. 教育研究, 2019, 40 (8): 33-41.

域很早就有"立德树人""铸魂育人"的说法。

"立德树人"是党和国家对教育事业的一贯主张,既体现在党的一系列教育方针和政策中,也体现在学校具体的教学实践中。

"铸法育人"是"立德树人"在学校法治教学领域的具体体现与进一步深化。这一理念是新时代我国全面依法治国的需要。"铸法育人"不仅是对学校法治教学宗旨的进一步厘清,也是"立德树人"教育理念在法治教学领域的新时代阐释。

## 一、新时代需要"铸法育人"

### (一) 由"德治"到"法治"

在我国,社会治理从重视道德教化发展到重视法律治理是必然的历史趋势。《左传》记载了我国历史上两次著名的"铸刑鼎"事件。一次是在公元前536年,郑国大夫子产为巩固改革成果,将刑书铸在鼎上并予以公布,史称"铸刑书"。另一次是在公元前513年,晋国大臣赵鞅和荀寅将范宣子执政时期的刑法铸于鼎上。铸刑于鼎是中国历史上公布成文法的开端。这两次事件都与宗法礼制相背,引起了孔子的反对。可以看出,我国历史上历来存在德治与法治之争。

当然,我国古代社会的法治与现代社会的法治是有根本不同的。在古代,统治者多依靠亲疏关系和等级秩序管理国家,也依靠天命和保密法律的方式管理国家,在某种程度上更重视道德教化的社会治理作用。但德治多依赖于人们内心的信念以及外界的舆论压力,尤其是当一些团体将德治的随意性和不确定性发挥到极致时,可能会使这种治理模式为特权阶层的肆意妄为提供便利。这种德治与马克思所批判的宗教类似,道德异化为一种自我压迫的精神力量,"是被压迫生灵的叹息,是无情世界的情感,正像它是无精神活力的制度的精神一样"①。当道德成为一种神秘化的强制力量时,其结果就是忽视"人就是人,就是国家、社会"。

法律和道德是社会治理的两大支柱,它们各自具有独特的功能和优势。法律以其明确的规范性和强制性,为社会提供了一套可预测和可执行的行为准

---

① 汪青松. 世界社会主义与马克思主义中国化 [M]. 上海:上海社会科学院出版社,2018:122.

则。而道德则以其内在的引导性和感召力,影响着人们的内心信念和行为选择。从德治到法治的转变,反映了人类社会对治理方式的不断探索和优化。

在现代社会,法治并没有否定道德的作用,反而在很多情况下,法律的制定和执行都深受道德观念的影响。法律的公正性和合理性往往需要道德的支持来获得公众的认可和遵守。同时,道德的实现也需要法律的保障,以防止道德滑坡和行为失范。法治和道德应该相辅相成,共同促进社会的和谐与进步。

(二)"立德"不等于"育人"

从字面上讲,"立德树人"的本义就是用道德来培养和成就人。道德是育人的基础和灵魂,是教育中极为重要的一环。德育的重要性是毋庸置疑的,它应该被视为教育的首要任务。然而,立德是否等同于育人?

众所周知,育人是一个多方面的过程,除了德育,还包括智育、体育、美育和劳动教育,即我们常说的德、智、体、美、劳全面发展。但在现实中,一些学校和部门过于强调德育,甚至用德育来压制其他方面的教育,这种做法并不合理。要促进学生全面发展,我们不仅需要德育,还需要专业知识和科学技能教育。

"立德树人"应该理解为:德育是教育的先导和基础,但并不意味着"立德"就是"育人"的全部。在教育实践中,我们不能简单地用"立德树人"这一概念来替代复杂的育人工作,更不能将其空洞化或抽象化,这种做法不仅对实际教育有害,在理论上也是站不住脚的,甚至可能对党和国家的事业造成损害。德育应该是具体的、贴近学生生活实际的。我们应该避免将德育变成一种精神压迫,而是要让它成为促进学生全面发展的动力。

在新时代,我们需要通过法治教育来补充道德教育的不足。"铸法育人"是与"立德树人"相对应的教育思想和教育规范,它体现了道德教育与法治教育的有机结合,能够有效地克服和避免单一的道德教育的不足。我们应将"德治"与"法治"相结合,将"立德树人"与"铸法育人"相结合,在教育方针政策的制定以及学校的具体育人实践活动中,都应实现"德法并举",以专业教育为中心,全面贯彻党和国家的教育方针,确保教育的全面性和深入性。

## 二、"铸法育人"的内容

### （一）"铸法育人"即通过法治教育培养人才

在新时代背景下，学校应运用中国特色社会主义法治思想来培育时代新人。这里所说的"新人"是一个多维度的概念，不仅指社会主义事业的接班人，也指能够适应未来社会发展的公民，以及追求美好生活的个体。

"铸法"中的"法"指的是社会主义法律，它与剥削阶级的法律有着本质的区别。社会主义法律包括法治知识、法治观念、法治精神和法治技能等方面。社会主义法治观是对社会主义法治实践经验的总结，体现了社会主义法治的思想观念。这一观念以马克思列宁主义、毛泽东思想、邓小平理论、"三个代表"重要思想、科学发展观、习近平新时代中国特色社会主义思想为指导，代表了人民的利益，并集中体现了社会主义法治的核心价值和本质特征。

### （二）"铸法育人"即通过社会主义法治观来培养人才

社会主义法治观教育是新时代学校法治教学的根本立足点和核心内容。在具体教学中，应将社会主义法治观与历史上某些特定社会形态的法治观念以及西方资本主义社会的法治观念进行比较，以帮助学生更准确地理解社会主义法治观。社会主义法治观教育应与社会主义核心价值观教育相结合，并贯穿于法治教育的全过程。社会主义法治理念是社会主义法治观的集中体现，因此，法治教育应引导人们认识到法律的至上性、党的领导的权威性以及人民利益的根本性是相互联系、有机统一的。

在我国，法律至上体现了法治的基本要求和法律自身的特点。党的领导是中国特色社会主义法治道路的思想前提和事实基础，没有党的领导，就没有社会主义法治建设。人民的利益是社会主义法治观的核心价值，是法治观的理论建构和实践活动的出发点与归宿。

### （三）"铸法育人"即通过社会主义法治精神来培养人才

我国的社会主义法治精神深植于中华民族文化的土壤之中，展现了中华民族的文化特色。因此，在"铸法育人"的过程中，我们应从我国的民族文化出发，而不是盲目模仿西方的法治文明。这并不意味着我们应该排斥其他国家法治精神和文明的有益成分。

社会主义法治精神是在长期的革命和建设实践中形成的。要发扬和学习当今时代的法治精神，我们既要立足于社会主义法治实践，也要继承革命传统，学习我国独特的法治精神。比如，在社会治理中注重调解、定分止争。

### （四）"铸法育人"即通过社会主义法治本质的教学内容来培养人才

这一概念是具体的，要求我们不断凝练法律和法治所蕴含的基本价值理念。我们应将法治理念和思想转化为课程体系，并将其进一步融入学校法治教学体系。在教学过程中，应努力使学校法治教学的精髓转化为受教育者的理念、行为和习惯。自由与秩序是"铸法育人"的核心，其中自由是法治追求的首要价值，是法治的本义，也是社会和个人追求的理想。自由与秩序之间存在天然的联系，没有秩序的自由不是真正的自由。公平与正义是法律的内在价值，古今中外的法律都宣称包含这些价值，但不同阶级、社会和经济地位的人对它们的理解各不相同。社会主义的物质生产为社会公平正义提供了坚实的基础，随着社会主义制度的发展和完善，人们将享有更多的公平和正义。此外，民主与人权、公开与平等理念也是社会主义法治本质的重要组成部分。

### （五）"铸法育人"即通过不断提高人的法治核心素养来育人

素养是通过反复训练和不断实践获得的一种修养。"马不伏历，不可以趋道；士不素养，不可以重国"，法治素养是指通过训练获得的一种关于法律的修养。核心素养是素养中的关键部分，对问题的解决起着决定性作用。核心素养的"核心"既不是单纯的知识技能，也不是单纯的兴趣、动机、态度，而在于运用知识技能解决现实课题所必需的思考力、判断力与表达力，以及人格品性。[①]

法治教育的核心素养在于解决社会生活中的法律问题，重点在于运用法治知识。这些法律问题可能涉及社会生活，也可能关乎个人的生存和发展。法治核心素养的形成是一个长期过程，要求教师在教学中积极培养学生运用法治知识的能力。在培养学生的法治核心素养时，知识固然重要，但应用更为关键。法治核心素养的获得不仅需要理论学习，更需要在实践中不断锻炼解决问题的能力。只有通过参与模拟法庭、社区服务等法治社会实践活动，法治核心素养才能真正形成。因此，社会、学校、家长和教师应为学生创造丰富的法治社会实践机会。

---

① 钟启泉. 基于核心素养的课程发展：挑战与课题[J]. 全球教育展望，2016，45（1）：3.

### （六）"铸法育人"即将道德教育与法治教育紧密结合的育人方式

"铸法育人"与"立德树人"的理念相辅相成。它补充了单纯道德教育的不足，但育人过程远不止于此，还包括专业教育、劳动教育等多方面内容。"铸法育人"有助于道德教育的具体化，将道德教育转化为可操作的规则，避免道德教育的抽象化、神秘化和工具化。对于中小学教育而言，想让学生理解道德不能仅靠概念或口号，道德教育需要适应学生的发展阶段。法治教育传达平等、公开、公平、公正、民主和自由的理念，有助于防止滥用道德标准的行为。因此，在学校教育中提倡"铸法育人"是必要的，它不仅弥补了道德教育的不足，还促进了学生的全面发展。

## 三、"铸法育人"的方法

### （一）制度建设

从制度上确立"铸法育人"在中国特色社会主义法治建设和治理体系现代化中的重要性。法治教育关系到依法治国的实现和未来法治人才的培养。因此，政府有关部门应出台相应文件，并在行政法规中做出规定。具有立法权的相关机构在制定法律、法规时，应明确规定"铸法育人"的目的、责任主体、学校的任务、不履行职责的法律责任以及物资保障措施等。只有制度健全，"铸法育人"才能与"立德树人"相辅相成，共同培养社会主义新人。要加强制度建设，教育等部门的工作人员需敏锐洞察社会发展大趋势，积极回应人民的法治需求，跳出思维定式，大胆创新。

### （二）物资技术保障

法治素养的培养需要通过实际训练实现，这就要求我们建设相应的教学设施并开辟活动场所。为确保"铸法育人"工作的顺利开展，需要加大资金投入，并多方筹措资金。例如，需要编制科学合理且受学生喜爱的优秀法治教材，制定相应的学校法治教学标准。法治教材应具有前瞻性，并与教学实践相配套。同时，应加强大学、中学、小学法治教材的一体化建设，确保教材内容的连贯性和系统性。要充分发挥现代科学技术，特别是信息技术在学校法治教学中的作用。当然，由于各个学校的具体情况不同，需要因地制宜地做好"铸法育人"的物资与技术保障，以满足不同学校的特定需求。

### (三) 调动学生的积极性

在"铸法育人"过程中,最关键的是调动学生的积极性。学生既是"铸法育人"的对象,也是学习的主人。法治内容能否入脑入心,取决于学生的接受情况。法治素养的养成是一个艰苦且可能反复的过程,教师应在学生遇到困难时鼓励他们,激励他们不畏困难,养成较高的法治素养。调动学生学习积极性的关键在于激发和强化他们学习的动因,要努力让学生明白,在未来社会,良好的法治素养至关重要。调动学生学习积极性应与创造良好的外部环境相结合,全社会应加强法治文化建设,为学生学习法治知识、培养法治技能、解决法治问题营造良好氛围。

### (四) 教师培养

"铸法育人"离不开学校,学校教育和教学工作依赖于教师。因此,教师自身的法治素养直接关系到学校法治教学的成效。"铸法育人"的首要任务是培养教师的法治素养。要使学生能准确、快速、有效地解决法治问题,教师必须首先成为榜样,具备相应的知识和能力。目前,我国法治教师在适应法治教育教学方面存在不足,教育行政部门需要加大对教师培训的力度,与司法机关、高校法治教育研究机构合作,充分利用外部资源,提升教师的法治素养。同时,教师也要认识到自己肩负的重任,主动学习,提高自身的法治素养。教育行政部门还需与其他部门协作,制定激励措施,鼓励教师提升法治素养。

### (五) 加强研究

"铸法育人"的研究至关重要,我们需要从理论上厘清其内涵、新时代价值、理论基础、哲学依据、历史背景、现实必要条件、与"立德树人"的关系等。目前,"铸法育人"的理论研究相对薄弱,各级部门特别是主管教育部门必须认识到"铸法育人"的重要性,并采取相应措施。这些措施包括配备研究力量、增加经费投入、培养人才、完善相关制度和规划。要建立专门的研究机构,深入推动该领域研究。面对现状,我们需要集中力量解决关键问题,尤其是"铸法育人"在新时代的价值及其与"立德树人"的关系。只有取得关键问题的突破,我们才能更好地指导社会主义法治建设,提高育人质量,并有效回应社会关注。具有实际影响的研究成果将形成良性循环,进一步推动"铸法育人"研究的发展。

## (六) 教学评估

教学评估是指依据科学的教学标准对"铸法育人"的教学效果进行评价。评估可以检验"铸法育人"的效果,包括其成效和需要改进的地方。从事物发展的一般进程来看,教学评估起着"指挥棒"的作用,因此,开展教学评估至关重要。然而,我们也必须认识到教学评估的局限性,"在本体意义上,人性因为内在性、超越性,任何测评无法测算人性,或者说以数据描述人存在的方式与形式是不可能的;在目的论意义上,人是最高目的,不应该被当作可估算、可估价的工具性物体"[①]。

---

① 金生鈜. 大数据教育测评的规训隐忧——对教育工具化的哲学审视 [J]. 教育研究, 2019, 40 (8): 33.

# 第三章 学校法治教学矛盾概论

马克思主义认为，矛盾是推动事物发展的动力。在开展现代学校法治教学活动时，我们首先需要研究学校法治教学中的矛盾，理清学校法治教学的发生和发展过程，并把握学校法治教学的关键点。如果对这些矛盾理解不够深入、把握不够准确，可能会导致学校法治教学活动偏离目标，甚至违背学校法治教学的规律和原则，从而影响学校法治教学的育人效果。

## 第一节 学校法治教学矛盾

### 一、学校法治教学矛盾的概念

在学校法治教学中，矛盾表现为教学过程中各种因素之间的对立统一关系。这意味着，一方面，教学过程中的各因素具有其独特的特性和规定性，它们之间存在差异。例如，在法治教学中，"教"与"学"在本质上是不同的。另一方面，这些因素又是相互联系、不可分割的。例如，法治教学的"教"离不开"学"。这些因素在学校法治教学活动中是统一的。此外，学校法治教学矛盾具有其特殊性，不同于其他课程的教学矛盾。这可能体现在学校法治教学内容的专业性、实践性以及对法律知识的深入理解等方面。

研究学校法治教学矛盾是深入理解法治教学的关键。特殊的教学矛盾，不仅决定了法治教学与其他学科教学的区别，还是深入理解、开展本学科教学的关键。长期以来，对学校法治教学矛盾的研究并未得到应有的重视。这可能是因为人们的学校法治教学实践尚未深入，导致教学过程中的矛盾没有被充分识别和理解。人们对学校法治教学矛盾的认识不足，便会在推动教学活动和研究继续深入时遇到困难。人们习惯于从法律教育、管理教育、思想政治教育、道德教育、社会学教育、政治学教育等不同视角来研究学校法治教学，然而，学校法治教学具有其独特性，在对其进行研究时，应当专注于学校法治教学本身矛盾，而不是简单地将其纳入其他学科领域。否则，学校法治教学难以实现深入发展，也无法有效总结教学规律，进而服务于学校法治教学的实践和改进。

现代社会是一个法治社会，法治在社会各个领域的作用日益显著。在各门课程教学中，不仅要渗透法治因素，还应设有专门的法治课程。因此，开展学校法治教学研究，既是社会发展的必然趋势，也是教学理论发展的必然要求。学校法治教学矛盾所蕴含的法治因素要求教学活动应遵循法治轨道，即依法执教。学校法治教学的各个环节和教学活动的开展都蕴含着秩序、规则、自律、权利、自由等法治因素。

学校法治教学课程的矛盾与其他课程的矛盾有所不同。这种差异正是学校法治教学矛盾特殊性的体现。要深入研究学校法治教学矛盾，就需要专注于探讨这一特殊性。在认识事物的过程中，我们应当特别注意其特殊点，每一学科都有其独特的质的规定性，这些特殊点构成了学科教学的本质特征。因此，在研究学校法治教学矛盾时，应将主要精力集中在研究这些特殊的质的规定性上。

学校法治教学矛盾的构成因素是多样的，并且会因为划分标准的不同而有所不同。从"教"与"学"的关系来看，学校法治教学矛盾由教师的教学因素和学生的学习因素构成。从教学主体的角度来看，学校法治教学的矛盾涉及学生和教师两个方面。从学生学习的角度来看，学校法治教学矛盾体现在学生已有知识与未知知识、即将获得的知识之间的对立。从教师教学的角度来看，学校法治教学矛盾体现在已完成的教学与待完成的教学之间的对立。学校法治教学矛盾构成具有多层次的特点，并在具体的教学实践中体现出"法律""制度""治理""管理""秩序"等质的规定性。这意味着，虽然学校法治教学矛盾的构成因素在普遍性上与其他教学矛盾的构成因素相似，但在特殊质的规定性上则表现出其独特性。学校法治教学矛盾在不同阶段是不同的。学校法治教学过程是由这些矛盾推动的。在不同的阶段，"教"或"学"可能起到主导作用，这不意味着矛盾仅由一个方面构成，而是由两个方面共同构成，只是其中一个方面在特定时期起主导作用。

## 二、对学校法治教学矛盾的认识

对学校法治教学矛盾的理解，既深植于哲学，尤其是马克思主义哲学，也深受历史和现实的影响。学校法治教学的实践是学校法治教学矛盾的根本来源。没有学校法治教学的实践，就没有学校法治教学矛盾。我们可以从多个维度认识学校法治教学矛盾。

(一) 哲学维度

研究学校法治教学矛盾，确实离不开马克思主义哲学的指导。马克思主义哲学以其深刻的世界观和方法论，为我们提供了理解和分析复杂社会现象的理论工具。它不仅是一种理论框架，更是一种实践指南，帮助我们在实际教学中识别和解决矛盾。

在马克思主义哲学中，矛盾被视为事物发展变化的根本动力。其认为，一切事物内部都存在着相互对立又相互依存的两个方面，正是这种对立统一推动了事物的发展。在学校法治教学中，这种矛盾可能表现为教学内容与学生实际需求之间的差异、教学方法与学生接受能力之间的不匹配、教学目标与社会法治需求之间的张力等。

马克思主义哲学提供了分析这些矛盾的工具，帮助我们从宏观和微观两个层面来审视问题。宏观层面上，它引导我们理解学校法治教学在整个教育体系和社会法治建设中的位置和作用；微观层面上，它帮助我们深入到教学过程的每个环节，识别和解决具体的教学矛盾。

(二) 历史维度

早在商朝时期，甲骨文中就已经出现了"教"字和"学"字，"教学"二字连为一词，最早见于《商书·说命》。在《学记》里面有"教学相长"的记载，这说明，人们很早就对"教学"的矛盾有所认识。[①]

在西方，对学校教学矛盾的认识源于14世纪的文艺复兴，这一时期人们开始对中世纪的教学活动进行批判和改造。夸美纽斯在《大教学论》中提出，教学就是一种把一切事物教给人们的全部艺术，这是一种教起来准有把握，因而准有结果的艺术；并且它又是一种教起来使人感到愉快的艺术，就是说，它不会使教师感到烦恼，或使学生感到厌恶，它能使教师和学生全都得到最大的快乐；此外，它又是一种教得彻底、不肤浅、不铺张，却能使人获得真实的知识、高尚的行谊和最深刻的虔信的艺术。[②] 夸美纽斯分析了教学活动中教师的"教"与学生的"学"在愉悦性方面的统一，以及教学的最终目的——获取真

---

① 裴娣娜. 现代教学论基础 [M]. 2版. 北京：人民教育出版社，2015：53—54.
② 夸美纽斯. 大教学论 [M]. 傅任敢，译. 北京：教育科学出版社，2008：1.

知和真理，这体现了教学矛盾的内在特质。

（三）教学实践维度

学校法治教学矛盾根植于学校法治教学实践，并反映其实际状况。在教学过程中，教师的"教"和学生的"学"是客观存在的两个方面，它们既相互区别又相互联系，共同构成了教学过程中的矛盾。学校法治教学实践是多样化的，因此学校法治教学矛盾的表现也呈现出多样性。

学校法治教学可以在课堂上进行，也可以通过课外活动或在实践教学基地开展。在不同的教学形式下，学校法治教学矛盾的具体表现各有差异。研究学校法治教学矛盾，需要深入具体的教学实践，从众多具体的教学实例中总结和提炼教学矛盾。

（四）人的发展维度

学校法治教学矛盾是教学实践在人的思维中的反映。从形式上看，这些矛盾似乎是主观的，但从内容上看，它们是客观存在的。无论是在人的思维中，还是在教学实践中，学校法治教学矛盾都是围绕人的发展而展开的。从学生的角度来看，学校法治教学矛盾推动教学过程，其最终目的是促进学生成长。学校法治教学矛盾实质上是围绕学生的根本利益展开的，即帮助学生获得法治知识和技能，培养其对法治的坚定信仰，服务于他们未来的美好生活。

从教学相长的角度来看，学校法治教学矛盾的解决和发展也必然推动教师的成长，提高教师的教学技能，增加他们的法治教学知识，还能使他们更加热爱教育事业。

## 第二节　学校法治教学矛盾的具体表现

学校法治教学矛盾是多维的、具体的，涉及观念、主体、具体内容等方面。各个具体矛盾之间相互关联，是一个不可分割的统一整体，共同构成了学校法治教学矛盾体系。

### 一、教学观念的矛盾

学校法治教学矛盾，首先在教学观念上显现出来，这种观念上的矛盾是深层次的，它决定了教学方法、内容选择以及评价标准等多个方面。教学观念的矛盾可能源于对法治教学目标的不同理解，或是对法治教学方法和手段的不同看法。例如，一些教育者可能更倾向于传统的讲授法，强调知识的传授和记忆；而另一些教育者则可能更重视学生的主动参与和批判性思维的培养。

在现代社会，学校法治教学的目标是培养具有现代法治精神的公民。这样的人不仅能够理解并遵守法律，还能够在法律框架内行使自己的自由和权利，理性地分析和解决问题，并在社会生活中积极践行法治原则。面对不同教学观念，教师应该坚定培养具有现代法治精神的公民这一教学观念，培养能适应现代法治社会的秩序人、自由人、权利人、理性人和社会人。

（一）学校法治教学要培养秩序人

"秩序人"这个概念通常指的是那些尊重并遵守社会秩序、法律规范的个体，他们理解法律对于维护社会秩序的重要性，愿意为社会的和谐稳定做出贡献。在日常生活中，秩序人遵循社会规则和公共道德，维护社会的正常运行；在面对不公或违法行为时，他们敢于站出来维护正义，通过合法途径解决问题；在决策和行动时，他们能够理性思考，避免冲动和非法行为；他们具有社会责任感，积极参与社会活动，为社会的和谐与进步做出贡献。

在学校法治教学中，培养学生成为秩序人是重要的教学目标之一。教师应通过各种教学方法和实践活动，帮助学生理解法律的精神，学会在法律框架内行使权利和履行义务，形成良好的法治意识和社会责任感。

（二）学校法治教学要培养自由人

自由人与秩序人是统一的，对自由的追求应该处在秩序的范围内。学校法治教学应帮助学生理解自由不是无限制的，而是在尊重他人权利和社会公共利益的前提下的自由。这种自由是法律所保护的，也是每个公民应当享有的基本权利。

通过法治教学，学生应学会识别和理解自己的权利与义务，知道在何种情况下可以行使自由，以及在何种情况下需要自我限制以遵守法律规定。培养学生的批判性思维能力，使他们能够独立分析问题，评估不同观点，并在法律允许的范围内自由地表达自己的见解。自由人不仅要了解法律，还要有良好的道德修养和自律能力，能够在没有外部强制的情况下，自我约束，做出符合社会规范和道德标准的选择。

### （三）学校法治教学要培养权利人

权利人指那些明白并能够行使自己法定权利的个体。这种培养是现代学校法治教学观念的核心内容之一。与之相对的是，传统的学校法治教学过分强调了个体的义务，而忽视了权利的同等重要性，导致了权利与义务的不对等。

在传统观念中，法治教学可能只注重培养个体对法律的遵守，而没有充分强调个体应当享有的权利。这种不平衡可能导致一部分人只形成了权利观念，而另一部分人只形成了义务观念，从而在社会中形成了权利与义务分离的状况。

为了纠正这种不平衡，现代学校法治教学应当平衡权利与义务关系，教育学生理解权利与义务是相辅相成的，每个人都既是权利的主体也是义务的承担者；普及法律知识，确保学生了解法律赋予他们的权利，以及在不同情境下如何合法行使这些权利；培养学生的权利意识，鼓励学生认识到维护自己权利的重要性，学会在必要时通过法律途径保护自己的合法权益。

### （四）学校法治教学要培养理性人

在这里，"理性人"指的是那些在行动和决策时能够合理分析情况、权衡利弊，并追求个人和社会最大利益的个体。理性人能够协调个人与国家的关系，实现个人利益与社会利益的平衡。在市场经济主导的社会中，学校法治教学无疑要担负起培养理性人的责任。这不仅涉及经济活动中的成本-效益分析，即以最小的经济代价获得最大的经济利益，也包括培养个体在法律框架内行使权利和履行义务的能力。理性人应具有法律意识，理解法律规范对个人行为的指导作用，并能够在法律框架内做出合理的决策。理性人应具备批判性思维能力，能够分析和评估不同的观点和信息，形成自己的见解。理性人应有社会责任感，意识到个人行为对社会的影响，并努力为社会做出积极贡献。随着社会的发展，理性人的概念与社会文化的关系越来越紧密。因此，培养理性人也意味着培养具有文化素养和社会适应能力的个体，他们能够客观地看待自己和社会，顺应社会发展趋势。

### （五）学校法治教学要培养社会人

学校法治教学旨在培养社会人，这实际上涉及人的社会化过程。社会人是指那些能够融入社会、得到社会认同，认同并遵守社会规范、法律、法规和政策的个体。培养社会人不仅仅是让他们了解和遵循规则，还包括正确处理个人与社会、集体、国家之间的关系。在个人利益与社会、集体、国家利益发生冲突时，社会人应当能够展现出更高的集体利益意识，有时甚至需要牺牲个人利益以维护更大的集体利益，这体现了"舍小家为大家"的精神。培养社会人是学校法治教学的重要目标，体现了中国特色社会主义法治教育的理念。这种理念强调个人与社会的和谐统一，倡导在尊重个人权利的同时，也要强调社会责任和集体利益。

学校法治教学观念之间的差异构成了其内在的矛盾。这种矛盾是客观存在的，我们必须正视并重视这种理念上的矛盾。正是因为存在新旧观念、先进与落后之间的差异，学校法治教学理念需要不断地更新，以适应依法治国的要求，提升教学质量，并培养符合现代法治要求的人才。在学校法治教学中，更新教学观念至关重要。

## 二、教学主体之间的矛盾

学校法治教学的教学主体包括教师和学生。教师和学生在学校法治教学中构成了主体间的矛盾，这对矛盾推动着教学过程。由于学生和教师承担的任务不同、知识储备不同，以及在教学中所扮演的角色不同，学校法治教学中不可避免地存在学生与教师之间的差异。这些差异正是学校法治教学中主体间的矛盾所在。在这个矛盾中，人是活跃的因素：教师的主要任务是传授知识，而学生的主要任务是学习。只有当教学活动设计得合理且有效时，才能实现预期的教学目标。不同的教育观念和教学理念会导致师生形成不同的师生关系观念。

（一）学生

不同的教育观、教学观，决定了不同的学生观。从构成的层次上看，学生观有三个层次。一是观念的学生观，也叫原则的学生观；二是一般的学生观，这是在接触教育对象时反映出来的普遍的学生观；三是具体的学生观，即教师对具体的学生的看法。[1]

1."学生是人"

在马克思主义人学中，人的价值被视为是至高无上的。"人是衡量社会制度、法律、规范、伦理、经济、文化等的标准。要尊重人的价值、人的创造，

---

[1] 傅道春. 情境教育学[M]. 哈尔滨：黑龙江教育出版社，1996：170.

尊重人的物资利益和人的精神利益。"① 在学校法治教学中，学生是具有个人利益的个体，教师应关注学生的需求，将学生的学习要求作为教学努力的方向。当然，由于学生身心尚未成熟和社会经验有限，他们的某些诉求可能不合理，教师应勇于引导。社会应对教师的教育和引导给予支持和理解，国家也应从制度上对教师的教育和引导进行规范。只有这样，"学生是人"的教育思想才能在学校法治教学中得到真正落实。

2. 学生是发展中的人

这意味着学生具有可变性和可塑性，这为学校法治教学提供了可能性。在学校法治教学中，教师应向学生传授先进的社会主义法治理念，因为这些理念在教学中起着关键作用，影响着其他法治行为的形成。作为发展中的人，学生是不断进步、充满希望的，他们有能力克服学校法治教学中遇到的学习困难，最有可能成为具有良好法治素养的现代人。正如国家的法治建设是一个从不完善到完善的过程，学生的成长也是一个不断发展的过程。

3. 学生是未来社会的人

我们是在"为一个新世界培养新人"②。这意味着学校法治教学应该面向未来，培养学生所需的法治素养。教学不仅要满足学生当前的需求，还要预见并满足他们未来的需求。教学应具有远见，不应局限于书本知识或当前要求。学校法治教学应具有预见性，这种预见性基于对学生未来需求的理解，建立在对社会政治、经济、文化等发展趋势的正确判断上。因此，在学校法治教学中，需要特别关注学生的想法，尤其是他们对美好生活和社会的期待。

（二）教师

在学校法治教学过程中发挥学生的主体作用，并没有因此否认教师在教学过程中的主导作用，法治教师的主导作用主要体现在以下方面。

1. 法治教师的组织作用

学校法治教学的开始、过程的推进、完成，参与对象、内容、教学资源的配置、教学目标的设置、教学过程中的各种随机事件的处理等，都离不开法治教师的组织。组织就是对参与教学的各种因素和相关因素做出最恰当的安排，

---

① 蒲鸿志. 法制教育的人文价值研究 [M]. 北京：中国社会科学出版社，2015：66.
② 联合国教科文组织国际教育发展委员. 学会生存——教育世界的今天和明天 [M]. 华东师范大学比较教育研究所，译. 北京：教育科学出版社，1996：192.

以发挥其最大作用。在学校法治教学中,教师要合理设计教学活动,选择合适的学生负责人、执行人、监督人,发扬民主精神,让学生自己建立学校法治教学的组织机构。

2. 法治教师的引导作用

在教学中,教师的职责在于确保教学坚持社会主义方向,维护马克思主义的指导地位,宣传中国特色社会主义法治制度,传递社会主义核心价值观。也就是说,在大方向和原则性问题上,教师需要牢牢把握。面对学生的困惑,教师应及时引导,为学生指明学习的方向。

3. 法治教师的协调作用

在学校法治教学中,可能会出现学生间、师生间、教师间、学生与家庭间、学生与社会间的矛盾或不一致。法治教师要尽可能给予帮助和建议,协调各种力量,提高学校法治教学的效益。

4. 教师的支撑作用

法治教师在心理、能力、知识、社会经验等多方面具有优势,对学生学习法治知识提供了有力的支撑。促进学生的主动性和积极性,并不是要削弱教师在教学中的基础和支撑作用,而是要进一步加强这种作用。

5. 教师的示范作用

学校法治教学不仅是一种有形的教学活动,法治教师的日常守法行为以及在管理班级和开展教学中体现的法治意识、程序意识和相应行为,都在持续地影响着学生。因此,教师的主导作用也体现在他们的示范作用方面。

(三)主体之间矛盾关系

学生和教师在教学中的关系一直是近现代教育史上争论的焦点,总体而言,有两派不同的观点,一是"学生中心论",以卢梭、杜威等人为代表,认为在教学中教师只是"自然仆人""看守者""助手";二是"教师中心论",以赫尔巴特为代表,反对"自然教育"。[1]

学校法治教学的施教者与受教者处于互动之中。教师通过教学方法致力于将作为自然人的学生培养成符合现代社会需求的法治人。学生作为受教者,具有可教性,这是由人的身心特性决定的。在学校法治教学中,向学生传授其所需的法治知识和技能不仅是可能的,学生也能够接受这些知识和技能。从可教

---

[1] 张焕庭. 西方资产阶级教育论著选 [M]. 北京:人民教育出版社,1979:278.

性的角度来看，学生是法治教师施教的直接对象。

然而，学生在学习法治知识和技能时，并不是被动地接受，而是积极地参与学校法治教学的全过程。学生通过自己的经验对知识进行转化，并将其纳入自己的认知结构中。从学习态度、动机以及知识和经验的准备来看，学生的主动参与是推动学校法治教学发展的关键。没有学生的主动性和积极性，学校法治教学就无法实现其目的。

在学校法治教学过程中，学生构成了教师的"教"所依赖的一方，学生的主动性、积极性发挥得如何，直接关系到学校法治教学的效果。也就是说，"没有教师的教，便不存在有别于人类其他活动的教学活动；而没有学生的学，也不存在真正意义的教学活动，教学活动充其量只是形式的、表面的，与实现教学目标毫无联系"。[①] 教与学的矛盾贯穿学校法治教学的始终，并推动学校法治教学的发展。

### 三、教学内容之间的矛盾

学校法治教学矛盾不仅存在于施教者与受教者之间，还存在于教学内容中。这包括教学内容的新旧矛盾、学生学习新旧内容之间的矛盾、教师在学校法治教学知识上的新旧矛盾、教师之间对教学内容理解的差异矛盾，以及由于地域差异和信息传递时差导致的社会提供的学校法治教学内容资源的矛盾。

#### （一）学生新旧法治知识间的矛盾

学生已有的法治知识与正在学习的法治知识之间存在矛盾。同一个学生在学习法治知识的过程中也会遇到矛盾。对单个学生来说，学习内容的矛盾体现在学习基础与正在学习的内容之间的差异。学生对法治的认识和理解不能停留在过去的水平，面对新知识，应积极学习和接受。学生过去掌握的法治知识是否牢固、知识结构是否合理，直接影响他们对新内容的理解。学生过去的法治知识如果牢固且结构合理，将对新知识的学习产生积极影响；否则，可能会产生消极影响。不同学生的法治知识结构存在差异，这些差异主要由家庭、社会背景以及个人因素造成。在学校法治教学中，矛盾是普遍存在的。

---

① 李秉德. 教学论[M]. 北京：人民教育出版社，2001：107.

## (二) 教师新旧法治知识间的矛盾

教师已有的法治知识与现有法治知识之间也存在矛盾。尽管教师通常接受过系统的法治知识教育,有些还接受过专门训练,但这些知识是否能满足当前的教学需求,需视具体情况而定。社会的发展带来新的法律、法规,法治研究也不断取得新成果,因此教师的法治知识在客观上存在新旧矛盾。新的学校法治教学方法和研究成果不断对教师的旧有知识提出挑战。教师应正视并积极参加学校法治教学培训,养成学习新知识的习惯。

## (三) 社会提供的学校法治教学新旧知识间的矛盾

社会提供的学校法治教学内容也存在新旧矛盾。新法律、法规的制定带来新的教学内容,与基于旧法律、法规编写的教学内容形成矛盾。社会对学校法治教学内容不断提出新要求,要求学校及时更新教学内容。社会提供的教学内容与学校的教学需求之间存在差距,这也是学校法治教学的一个矛盾。学校应主动研究法治教学环境,预测社会对学校法治教学内容的需求,并设计符合未来社会需求的教学内容。

## (四) 显性与隐性法治教学间的矛盾

显性学校法治教学与隐性学校法治教学之间存在矛盾。显性学校法治教学主要指学校的课堂法治教学,它是可以明显感知的、公开的、可见的;而隐性学校法治教学则没有公开、可见的形式,但其对学生的影响不容忽视。隐性学校法治教学可以是正面的,也可以是负面的,如社会法治意识、社会法治状况、家庭环境的影响等,都是隐性的教学形式。这种隐性学校法治教学与显性学校法治教学构成了矛盾。

# 第三节　学校法治教学矛盾的运行

学校法治教学的整个过程运行,是由学校法治教学矛盾推动。只有研究学校法治教学矛盾的运行,我们才能深刻理解学校法治教学过程的产生、发展和结束,并推动学校法治教学向预设的方向发展。一切事物中包含的矛盾方面的相互依赖和相互斗争,决定一切事物的生命,推动一切事物的发展。没有什么事物是不包含矛盾的，没有矛盾就没有世界。① 学校法治教学的过程，其实就是学校法治教学矛盾运动的体现，研究学校法治教学矛盾的运行，有利于提升学校法治教学的人才培养质量。

## 一、确保矛盾运行的动力机制

要研究学校法治教学矛盾的运行，关键是要正确理解学校法治教学矛盾。这里的理解不是静态的理解，而是在学校法治教学过程中，动态把握学校法治教学矛盾。学校法治教学矛盾是学校法治教学过程中各因素的对立统一，其核心要素是"教"与"学"。所以，学校法治教学矛盾的运行，实际上描述了在学校法治教学过程中，"教"与"学"两个要素是如何互动和发挥作用的。学校法治教学矛盾的运行指的是，在学校法治教学过程中，各教学要素通过相互作用和相互依赖形成的一种运行机制。这种运行机制包括制度机制、激励机制、制约机制。

### （一）制度机制是学校法治教学的基础

学校法治教学过程是日常教学行为的展开，应遵守各种日常教学行为规范，即教学制度。教学制度是对学校法治教学矛盾运行的规定，其本身就是对学校法治教学矛盾运行的经验总结，是对学校法治教学规律的认识和把握。在学校法治教学中，专门的学校法治教学制度较为少见，通常散见于《中华人民共和国教育法》《中华人民共和国教师法》《中华人民共和国未成年人保护法》等关于青少年法治教育的法律条文中。

学校法治教学矛盾的运行需要遵守制度规范，并落实相关制度。同时，学校要不断完善现有教育、教学制度，并在条件成熟时制定专门的学校法治教学制度。学校法治教学制度既可以体现在现有的法律、制度和规定中，也可以通过教育行政法规来体现。在条件不具备时，有关机关可以先行制定政策规定。为了提高学校法治教学的实效性，规范学校法治教学矛盾的运行，各级学校应因地制宜，制定适合本校实际的学校法治教学制度。

### （二）激励机制是学校法治教学动力机制的核心

激励机制是学校法治教学动力机制的核心，是学校法治教学矛盾运行的内

---

① 毛泽东. 毛泽东选集：第一卷［M］. 北京：人民出版社，1991：305.

在动力。激励机制可以通过相关机制体现出来,如国家、社会对学校法治教学的肯定、鼓励性政策;也可以通过社会舆论、国家发展导向、社会环境体现出来。激励机制包括物质激励机制、精神激励机制、物质与精神相结合的激励机制。在所有的激励机制中,教学内部激励机制是核心的激励机制。在学校法治教学过程中,要建立和完善教学激励机制,充分调动法治教师教学的积极性和学生学习的积极性。

(三)制约机制是学校法治教学矛盾运行的保障

制约机制是学校法治教学矛盾运行的保障。制约是指学校法治教学矛盾运行中各个要素之间的相互影响、相互约束、相互制衡。比如,在学校法治教学过程中,教师积极教学,而学生不配合;或学生法治学习积极性很高,而教师法治教学素养欠佳,学校法治教学水平差;或学校法治教学的制度不健全等,都会对学校法治教学矛盾的运行产生制约。可见,在学校法治教学过程中存在客观制约,这就需要研究制约机制,发挥学校法治教学制约机制的正向作用。所谓发挥制约机制的正向作用,是指在学校法治教学过程中,对学校法治教学矛盾的各个因素要尽力协调、整体优化,形成正向合力,避免学校法治教学的各种教学效能相互抵消。当学校法治教学中的一个因素不起作用时,另一个因素要正向监督,使学校法治教学矛盾的运行向着预期的方向发展。当一个因素的作用发挥过度时,另外的因素要起抑制作用,保障学校法治教学矛盾正常运行。

需要特别指出的是,学校法治教学矛盾的运行在一定程度上取决于其动力机制,而学校法治教学动力机制的构成是复杂的。要使学校法治教学过程科学化、规范化、高效化,必须深入研究学校法治教学矛盾运行的内部情况和动力机制,解决学校法治教学矛盾的动力机制问题,理清学校法治教学矛盾的运行。

## 二、建构和谐的师生关系

学校法治教学矛盾的运行要达到良好以上等级,必须在学校法治教学中建构和谐的师生关系。从主体上讲,学校法治教学的主要矛盾是教师与学生的关系;从教学的内容来讲,是教师的"教"与学生的"学"之间的关系。学校法治教学的主要矛盾决定了学校法治教学中的次要矛盾和其他矛盾。学校法治教学矛盾的运行就是法治的发展,因此,学校法治教学矛盾的运行状况关系到教学的发展。从教学交往这个角度讲,学校法治教学矛盾的良好运行就是教学过程中师生关系的恰当处理。

(一)构建平等的师生关系

学校法治教学中和谐的师生关系是指师生之间平等、民主、协调、互助的关系。从法律的角度讲,教学中师生之间是一种平等的关系,不存在一方对另一方的压迫。这种平等关系,正如胡塞尔所说,是交互主体之间的主体间性关系,包含合作、互助的意思。这也是海德格尔说的,主体与主体之间的共在。在学校法治教学中,师生双方围绕共同的教学目标建立联系,双方都应发挥主体性,积极参与教学过程。同时,我们也要认识到,师生之间的平等并不意味着双方在所有方面是相同的。教师在社会经验、知识水平和教学能力上通常具有相对优势,但这种优势不应转化为特权。相反,法治教师应具有社会责任感,既要积极开展教学活动,也要鼓励学生自主、独立、勇敢地探索未知。

(二)听取学生意见

学校法治教学要发扬民主,充分听取学生对学校法治教学的意见。教师要鼓励学生大胆发表自己的看法,要在教学中最大限度地体现民主。教师不仅要使民主成为学校法治教学的手段,还要使民主成为学校法治教学追求的目标之一。教学民主是依法治教的体现,在学校法治教学的全过程中,师生都应遵守教学秩序,共同构建真实、民主的师生关系。这种民主关系不仅对当前的教学活动有重要意义,也对学生将来参与建设社会主义民主国家具有深远影响。民主意识是通过良好的学校教育逐步培养出来的。教师对学生的民主态度,意味着教师承认学生在学校法治教学中的主体地位。教师应尊重学生,以学生的需求为教学的出发点和归宿。学生作为教学的主体,不仅要在学校法治教学中发表意见,还应参与教学管理,锻炼其参与公共事务的能力。

(三)协调师生关系

学校法治教学中的师生关系需要协调。学生与老师之间在知识、能力、经验等方面存在差异,这些差异在教学过程中可能会引发矛盾,需要通过教师的积极教学和学生的积极学习来协调。不及时处理教学活动中出现的矛盾,可能会影响学校法治教学的正常进行。课堂管理有时也会引起师生矛盾,学生之间也可能因为小事产生矛盾。有时,这些矛盾不仅局限于课堂,还可能扩展到课堂之外,涉及学生与其他教师甚至学校的矛盾。为了实现学校法治教学的既定目标，学校必须妥善协调因师生关系而产生的各种矛盾。我们应该认识到，差异和矛盾是不可避免的，而通过协调达成的一致性则是相对的。因此，在学校法治教学过程中，师生关系的协调是一个持续进行的过程。

（四）互助的师生关系

学校法治教学中的师生关系是一种互助关系。教师帮助学生不仅是履行教学职责，也是基于师生互助关系的本质。相应地，学生帮助老师不仅是为了顺利完成学习任务，同样是基于师生互助的需要。没有互助，师生之间就无法建立起正常的教学关系。互助建立在理解的基础上，因此，教师在教学过程中不仅要传授知识，还要深刻理解学生。这意味着教师需要深入了解学生的实际生活、家庭环境、学习动机、面临的困难、理想和兴趣等。只有如此，教师的帮助才能具有针对性和实效性。同时，学生也应理解教师的职业特点、职业环境，这样才能更好地参与教师的教学活动。学生对教师的帮助主要体现在积极完成学习任务上，同时也包括在学校法治教学活动之外，向教师提供普通的人际帮助。教师作为一种职业，既有其神圣的一面，也有其大众化和普遍性的一面，因此，获得学生的理解、支持和帮助是完全合理的。和谐的师生关系是学校法治教学中各类矛盾正常运行和解决的关键条件。

## 三、以教学目标指引矛盾的运行

教学目标是学校法治教学中矛盾运行的核心。教学目标凝结着教师和学生主体间性的和谐，体现着指向未来时空的一种结果，呈现着预期性、生成性、整体性以及可操作、可测量等特点。[①] 如果学校法治教学矛盾的运行脱离了教学目标，就会失去其根本意义。教学目标，从宏观上说，它旨在提高学生的法治素养，培养符合中国特色社会主义要求的新一代法治人才；从微观上讲，它指的是一节课或特定时期内课堂教学的具体任务。教学目标确保了学校法治教学矛盾运行的内在价值，主要体现在以下几个方面。

（一）学校法治教学目标的可预期性

学校法治教学的结果虽然受到各种主客观条件的限制，但这并不意味着我们无法在一定程度上合理预测教学要达到的目标。实际上，在教学过程中，无

---

[①] 裴娣娜. 教学论［M］. 北京：教育科学出版社，2007：94.

论是教师还是学生，都应该对教学目标持有预期。教学预期在价值上通常是正向的，能够激发学生法治学习的动力。教师应该用正向的教学目标来引导整个学校法治教学过程。教学目标的可预期性能为"教"与"学"双方的活动带来集中性和高效性，并对师生双方的教学活动起到规范作用。在学校法治教学中，不仅教师受到预期教学目标的引导，学生也受到这些目标的影响；学校整体、学校的其他活动以及法治教师之外的其他教师的教学活动，也在一定程度上受到学校法治教学目标的制约。

（二）学校法治教学目标的生成性

学校法治教学目标是方向性的、总括式、概论式的教学目标，学校法治教学目标本身是一个不断展开的过程，这个过程就是生成。生成是指教学目标在教学活动中通过矛盾的运行不断呈现，是动态的、变化的教学目标，而不是不变的教学目标。在学校法治教学矛盾的运行中，师生的教学活动是不断向前演进的，有时甚至要延伸到课堂教学之外。学校法治教学目标的生成性是学校法治教学生命力的体现，是创建活跃学校法治教学课堂的需要。如果教学目标从一开始就被固定，它将无法反映不断发展的课堂需求、学生对法治知识与技能的实际需求，也无法适应全面依法治国提出的新的法治要求。因此，在学校法治教学矛盾的运行中，应特别重视教学目标的生成性，研究并落实这一特性，打破学校法治教学目标既定、不可改变的传统观念，这将有助于抓住学校法治教学的有利时机，最大限度地实现法治教学的整体目标。

（三）学校法治教学目标的整体性

在学校法治教学矛盾的运行过程中，我们必须重视教学目标的整体性。所谓教学目标的整体性，是指学校法治教学目标内部的各组成部分、因素、环节是相互联系、共同作用的有机整体。在实际的学校法治教学中，推动教学矛盾向积极方向发展时，常见的错误是将教学目标割裂。例如，将人才培养与教学任务分离，将课堂教学目标与课外目标分离，将社会目标与学校目标分离，将学校目标与家庭目标分离，将学生个人目标与社会要求分离等。有些教师可能只关注自己要完成的教学任务，而忽视了学生的学习需求、社会的要求和家长的期望。因此，学校法治教学目标应被视为一个整体，只有注重教学目标的整体性，教学矛盾双方才能实现协调。这也反映出法治精神着眼于人的全面发展，意在培养具有法治精神的人。

### （四）学校法治教学目标的可测量性

教学目标可以检验学校法治教学中矛盾双方的共存、运行情况。教学目标的检验具有直接性的特点。然而，学校法治教学效果的最终检验标准是社会实践，即我们培养的法治人才是否达到了预期的教学目的，是否实现了教学目标。社会实践是最终的衡量标准，但这并不意味着可以忽视教学目标在检验教学效果中的作用。在学校法治教学过程中，应更多地依赖教学目标标准，用教学目标来检验教学过程中矛盾双方的运行是否符合教学目标。教学目标的可测量性意味着教学目标需要分层次、细化和量化，可测量的目标才更有可能实现。当然，学校法治教学目标的可测量性并不排斥对学校法治教学矛盾运行的定性评估。这是因为人才培养是一个复杂的过程，需要将定性评估与定量评估相结合，以全面评价学校法治教学的效果。

总之，学校法治教学矛盾的运行必须以学校法治教学目标为价值指引，这既是从学校法治教学的实际出发的现实要求，也是提高学校法治教学质量的直接要求，还是培养法治人才、实现依法治国的要求。

# 第四章　学校法治教学的课程标准、教材、教科书

现代学校法治教学离不开课程标准。课程标准的制定基于人才培养的需求，它明确了一门课程通过教师的教学和学生的学习所要达到的目标。课程标准是培养国家需要的合格人才的规制，是进一步设计课程和编制教材的准绳。课程标准制定的现实依据包括国家的政策、法律、法规，国家的发展目标、根本任务。

法治教材是根据法治课程标准编制的，旨在培养法治人才。根据作用方式，法治教材可以分为显性教材和隐性教材；根据存在方式，法治教材可以分为实体教材和虚拟教材；根据制作主体，法治教材可分为国家教材、地方教材和校本教材。

法治教科书是培养人才的标准用书，是指符合课程标准和适合教学对象使用的由出版社出版的实体用书。在这一点上，法治教科书与一般的教科书并没有什么不同。

教材和教科书是教育领域中常用的两个术语，它们虽然经常被交替使用，但各自有着特定的意义和用途。教科书是专门为特定学科或课程编写的书籍，它系统地涵盖了学科的核心内容、概念、理论和实践，是学生学习的主要参考资源，通常在课堂上由教师指导使用。相比之下，教材是一个更广泛的概念，它不仅包括了教科书，还扩展到了各种辅助学习材料，如练习册、工作手册等，旨在支持和促进教学与学习过程。在出版和编写方面，教科书通常由教育专家或学者编写并经过严格审核，以确保内容的准确性和权威性；教材则可能由教师、教育工作者或出版社根据教学需求自行开发，因此内容和形式可能更加多样化。

学校法治教学的课程标准、教材和教科书，是现代学校法治教学研究的重要内容。这三者不仅关系到学校法治教学的发展，还关系到学校法治教学质量的提升。

# 第一节　法治课程标准

学校法治教学的课程标准（以下简称"法治课程标准"）是一个庞大复杂的系统。从纵向上看，有研究生、大学、中学、小学、幼儿园等法治课程标准；从横向上看，有特殊学校法治课程标准、社会服务机构法治课程标准、法治专业教学法治课程标准。法治课程标准的制定并不容易，要考虑多方面的因素，如制定依据、制定目的等。

## 一、什么是法治课程标准

法治课程标准是规定法治课程的性质、目标、实施要求等的教学规范，由教育行政主管部门颁布。法治课程标准是相关主体开展法治教学、考试、编写教材、开展学校法治教学实践活动和法治社会服务活动的准绳。法治课程标准具有科学性、技术性、权威性、灵活性和指导性。

### （一）法治课程标准的科学性

法治课程标准的科学性，在于其精准把握了法治教育的内在规律，展现了教学要素间本质的、必然的逻辑链条，是教学理论与实践深度融合的结晶，它随着实践的深入而日益丰富完善，不断拓展法治教育的认知边界。在法治教育的全链条中，坚守科学性至关重要，它摒弃了主观臆断，倡导严谨求实的探索精神。要领悟法治课程标准的科学精髓，需立足历史与辩证唯物主义，深入剖析课程标准的各要素及其内在联系。如此，我们方能在法治教育的征途上稳健前行，持续推动教育质量飞跃，为学生的法治素养培育奠定坚实基础。

### （二）法治课程标准的技术性

法治课程标准的技术性，是其转化为实践行动的关键。法治课程标准的技术性巧妙地将宏观目标拆解为具体可行的步骤，确保在给定条件下能稳定达成预期成果。这一过程实现了从理念到理论，再到细致的操作规范的跨越，确保教学行为既精准又可控。针对不同群体与需求，课程标准清晰界定了教学内容，让教学活动变得可量化、易操作。课程标准的技术性在于将抽象标准转化为直观、可评估的规范，既科学严谨，又便于师生实践。然而，要实现高度操作性并非易事，需要课程标准的设计严谨、细致，更需要教学主体的积极参与和灵活应变。在追求课程标准技术性的同时，学校也要注意提升教师的教学专业素养，确保教学活动高效、有序进行。

### （三）法治课程标准的权威性

法治课程标准的权威性在于，课程标准一经制定，便成为教材编写、教材选择和教学活动设计的基石与航标，其制定与修订需遵循严谨的流程，确保每项调整合法合规、有章可循。法治课程标准的制定汇聚了众多教育者的教学实践经验与专家智慧，历经多轮严格审议，体现了法治教育领域的广泛共识。为捍卫学校法治课程标准的权威性与执行力，应建立长效监督评估体系，定期审视课程标准执行情况，对任何偏离或执行不力的行为，应依法依规采取纠正与问责措施，确保法治课程标准真正落地生根，引领法治教育稳健前行。

### （四）法治课程标准的灵活性

法治课程标准的灵活性体现在该标准是精心构建的弹性框架，它预留了充足的空间，让教育者能根据教学实际灵活应变。这种灵活并非无据可依的随意，而是基于对教育规律的深刻理解与对学生个性的尊重，其核心在于"育人"，即培养具备高度法治素养的未来公民。法治课程标准的灵活性不仅不会削弱课程标准的权威性，反而是课程标准生命力的体现，使课程标准在复杂环境中保持适应力与有效性。灵活性、原则性与权威性三者相辅相成，原则性与权威性不代表僵化教条，灵活性的融入让课程标准既坚守教育本质，又紧跟时代步伐，展现了"以不变应万变"的教育智慧。

### （五）法治课程标准的指导性

法治课程标准的指导性是确保教学质量和效果的关键因素。它不仅为教师提供了教学的方向和目标，而且对学生的法治意识和行为习惯的培养具有深远的影响。指导性标准应明确指出法治教学的最终目标，即培养学生的法治观念、法律意识和法律素养，使他们能够理解法律的重要性，尊重法律，遵守法律，并能够在日常生活中运用法律知识解决问题。课程标准应包含全面而系统的法治教育内容，从基础法律知识到复杂的法律概念，从法律的历史发展到现代法律实践，确保学生能够获得全面而深入的法律教育。

## 二、法治课程标准的要求

法治课程标准是紧密依托国家课程总标准并对其进行细化而精心制定的。这一标准不仅遵循国家课程的总原则、指导思想和总目标,还细致考量了学科布局、各年级教学课时分配等核心要素,为法治课程标准的构建提供了坚实的基础。简而言之,法治课程标准是对国家总课程标准中教学目标的具体化和深化,它详尽地规划了学校法治教学的各项要求,包括明确的教学目标、丰富的教学内容、合理的教学时间分配、必要的教学设备配置、专业的教学人员资质以及科学的教学方法指导等,旨在全方位保障和提升学校法治教学的质量与效果。

### (一)依法治国层面的要求

依法治国,是新时代铸就民族辉煌、实现伟大复兴的必由之路。构筑具有中国特色的社会主义法治国家,是中国人民矢志不渝的崇高理想。在这一宏伟蓝图中,法治国家、法治政府、法治社会的全面构建,构成了国家治理现代化的核心要素。

因此,培育法治人才、提升全民法治意识,已远远超越了教育领域的单一范畴,成为国家战略与民族复兴的迫切需求。这意味着,法治课程标准的制定,必须超越传统教育框架的束缚,站在国家发展的高度,紧扣民族复兴的时代脉搏,引领法治教育,助力塑造法治社会。

### (二)教学层面的要求

法治课程标准作为法治教育的基石,应精准对接教学实际,明确指引教学质量提升之路。法治课程标准涵盖了教材编选的全方位标准,包括从内容甄选到编写团队的资质、构成及绩效评估,确保教材质量上乘。同时,法治课程标准细化了对教学设施与条件的要求,对法治教师的专业素养、培训及实践教学环节进行了详尽规划。在评估考核方面,法治课程标准设定了科学的评价体系与命题准则,旨在全面反映学生学习成效。

针对不同教育阶段(从幼儿到研究生),法治课程标准灵活调整,关注各阶段学生在知识掌握、技能提升、过程体验、方法运用、情感培养、态度塑造及价值观形成等方面的差异,量身定制教学目标与内容框架。此外,法治课程标准还明确了课程管理体系,促进课程体系的多元化与适应性。总之,这些精炼而全面的要求，紧密贴合学校法治教学规律，有效发挥了法治课程标准的规范与引领作用。

（三）学生身心发展层面的要求

学校法治教学应紧密契合学生各成长阶段的身心特征。在幼儿期，教育者应通过游戏寓教于乐，家校协同，启蒙学生的规则意识，激发学生的法治好奇心。在义务教育阶段，学校应聚焦青少年特性，培养学生基本的法治素养，树立他们终身学习法治知识的志向。高中时期，学校应深化中国特色法治理念教育，为学生的成长做准备。大学阶段，学校应鼓励学生深入探究法治精髓，使其不仅知其然且知其所以然，形成遵法、守法、护法的自觉行为。至研究生阶段，学校应侧重培养学生的自主探索与创新学习能力，要求学生能独立应对法治挑战，贡献法治智慧。

（四）法治课程层面的要求

法治课程具有独特性，在制定法治课程标准时需兼顾普适性与特殊性。

首先，法治课程的核心目标是传授法治知识，强化学生的法治意识，因此教学内容应聚焦于法律、法规等核心要素，深入剖析法治的本质、遵守的意义及其实践路径。

其次，学校法治教学强调实践的重要性，应充分利用社会资源开展实践教学，让学生在真实情境中感悟法治精神，培养法治与规则意识。

再次，法治教师要依法治教，从教师到学生，都应成为遵守规则的典范。

最后，体验与感悟是学校法治教学的核心。通过亲身体验，学生能更深刻地理解法治内涵，使法治理念内化于心、外化于行，最终在生活中实现法治价值的增值与守护。这一教学方法应贯穿于学校法治教学的各个层次。

（五）人才培养层面的要求

鉴于我国法治人才紧缺与公众法治意识薄弱的现状，学校亟需构建清晰的法治人才培养课程标准。学校法治教育的首要任务是提升全民法治意识。

首先，法治教育应瞄准提升公众的法治素养，奠定法治人才成长的基石。法治课程标准需明确学校法治教学的目标、内容框架、评价标准及教学方法，与国家普法战略紧密对接，充分利用学校教育资源，惠及更广泛的社会群体。

其次，聚焦法治专业人才的培育。各行各业急需具备法治素养的专业人才，政府及公检法司等领域更是如此。学校应深入研究各领域法治人才的需求，强化实践导向，培养学生运用法治知识解决实际问题的能力，实现人才培养的精准对接与高效输出。

最后，前瞻布局法治尖端人才培养。随着法治与多领域深度融合，社会新问题层出不穷，对法治创新能力提出更高要求。因此，培养法治尖端人才应聚焦于激发其法治创造力，为法治实践与研究注入新活力，引领未来法治发展方向。

### 三、制定法治课程标准的指导思想和基本原则

法治课程标准的制定，根植于国家法治建设、教育政策与课程标准认知的深厚土壤，其影响力辐射至教学与社会生活的方方面面。因此，其制定权应归属国家权力机构或国家教育行政主管机关，以确保法治课程标准的权威性与执行力。

（一）指导思想

在制定法治课程标准的过程中，学校应坚定不移地以马克思主义中国化的成果为指导，深入把握贯彻毛泽东思想、邓小平理论、"三个代表"重要思想、科学发展观以及习近平新时代中国特色社会主义思想，特别是要融入随时代演进的中国特色社会主义思想精髓。实事求是，作为马克思主义的核心要义，也是制定法治课程标准的基本准则，只有这样才能确保法治课程标准既贴近实际又能引领未来。

（二）基本原则

（1）学生中心：课程标准应聚焦于提升学生的法治素养，确保其全面发展。课程标准应明确区分法治课程与其他课程，避免教学资源的错配，强化法治教育在塑造学生遵法、守法、护法意识中的独特作用。同时，激励学生终身学习、探索法治，培养其运用法治思维解决个人发展及社会问题的能力。

（2）学生主体：强调学生的主体地位，激发其学习法治知识的主动性与创造力。从教学内容到教学评价，各环节均需围绕学生需求设计，采用启发式教学，注重学生体验与感悟，培养其自主学习与探索的习惯。

（3）教师主导：法治课程标准在尊重学生主体性的同时，应强调发挥法治教师的关键作用。教师以其丰富的社会经验与专业知识，在教学、评价及管理中发挥引导、鼓励与纠偏作用，确保教学目标的顺利实现。同时，法治课程标

准应注重对学生学习过程的全面监测与效果评估，实现教学相长。

**四、法治课程标准的历史、现状与未来**

（一）历史脉络

追溯我国课程标准的发展历程，其滥觞可追溯至清朝末年学堂章程中的《课程教法》，其虽仅初具课程门目与分年表的雏形，却已孕育了课程标准的种子。正式意义上的课程标准诞生于1912年中华民国教育部颁布的《普通教育暂行课程标准》。新中国成立后，教育事业的蓬勃发展促使课程大纲应运而生，这一举措实质性地奠定了后续课程标准的基础。

进入21世纪，随着2001年基础教育课程改革的全面铺开，各学科课程标准相继问世，成为指导教育教学的重要纲领。特别是为响应《国家中长期教育改革和发展规划（2010－2020年）》，教育部对课程标准进行了系统性修订，义务教育阶段语文等学科课程标准应运而生。此后，初中《道德与法治课程标准》与高中《思想政治课程标准》相继确立，法治教育在思想政治课程中得以深化与拓展。这一系列课程标准凝聚了教育部基础教育课程教材专家工作委员会及其核心成员的智慧与心血。

（二）现状审视

当前，《义务教育阶段道德与法治课程标准（2022年版）》与《普通高中思想政治课程标准》在推动我国教育改革、提升教学质量、转变教学方式、培育人才方面发挥着不可估量的作用。然而，目前的法治课程标准仍面临诸多挑战。

1. 整体性缺失

学校法治教学需要一个跨学段、跨领域的整体课程标准，以实现资源的优化配置与高效利用。虽然大中小学思想政治课教学一体化建设已取得初步进展，但课程标准的整体化尚未实现，这直接影响了教学一体化建设的深度与广度。因此，构建覆盖幼儿园、大中小学、研究生乃至成人教育的学校法治教学课程标准体系，是当务之急。

2. 独立性不足

法治教育内容目前多依附于相关道德与政治等课程中，难以满足全面依法治国背景下社会的法治需求。法治与道德、经济、政治等领域的紧密联系，虽为课程设计提供了多元视角，但制定独立的法治课程标准，仍是回应时代呼唤、满足社会需求的现实选择。

3. 权威性待加强

尽管我国课程标准由权威专家制定，但在社会影响与教育实践中的权威性尚显不足。法律、法规等规范性文件的制定权应归属于权力机关，以确保其权威性与执行力。提升法治课程标准的权威性，需通过法定程序明确其制定与修改的主体与流程。

(三) 未来展望

展望未来，法治课程标准的发展将呈现以下趋势。

1. 广泛参与

课程标准的制定过程将吸纳来自思想、道德、政治、宗教、法治、社会、经济、文化及教育等多领域的专家与社会各界意见，确保课程标准的全面性与科学性。同时，学校法治教学人员与学生的声音也将得到课程标准制定者的认真倾听与吸纳。

2. 增强权威性

法治课程标准的制定与修订将严格遵循法定程序，由权力机关或教育行政主管机关主导完成，并接受立法机关的合法性审查，以确保其法律地位与权威性。

3. 独立发展

法治课程标准将逐步从现有课程体系中分离出来，实现独立发展。这一举措不仅契合依法治国的需求，也是培养高素质法治人才的重要途径。面对新的战略机遇与挑战，我们应勇于担当、积极作为，推动法治课程标准向更加独立、专业的方向发展。

4. 深化研究

通过拓宽研究视域、深化理论探讨与实践探索，为法治课程标准的制定与实施提供坚实的理论支撑与实践指导。同时，将法治教育与宗教、道德等领域相结合的思考，也将为法治信仰的树立提供新的路径。

## 第二节 法治教材

法治教材，作为学校法治教学活动的核心载体，不仅限于传统意义上的教科书。它包括讲义、挂图、板书、电子教材、实践基地、影像资料、教学软件等多种形式，共同构建成一个丰富多样的法治知识网络。这一概念的拓展是现代法治教育发展的必然产物，直接反映了科技进步与教育理念的革新，体现了法治人才培养模式的深刻变革。

### 一、法治教材的分类

（一）按制作主体分类

1. 国家法治教材

由国家教育行政主管部门依据法治课程标准精心编撰，体现了高度的权威性与前瞻性。编写团队由全国顶尖的法治理论研究者与一线教师组成，确保教材内容的专业性与实用性，满足全国范围的法治教学需求。

2. 地方法治教材

由地方教育行政机构主导，紧密结合地方政治、经济、文化特色，通过生动案例与本土资源，增强教材的亲和力与实效性。作为国家法治教材的有力补充，地方法治教材在推动地方法治教育方面发挥着不可替代的作用。地方法治教材不仅包括课本，也涵盖了实践基地、研究中心、青少年法治活动中心、法治咨询、法治榜样、典型案例、挂图、影像资料、软件、电子书等多种资源。

3. 校本法治教材

由学校自主开发，紧密围绕本校师生的实际需求与法治热点问题，形式灵活多样，包括教案、校内案例、法治讲座等，针对性强，有助于激发学生兴趣，提升教学效果。

国家、地方、校本三级法治教材的有机结合，形成了层次分明、互补互促的教材体系，为法治教育提供了坚实的支撑。

## （二）按教材形式分类

1. 电子法治教材

电子法治教材，是利用数字化手段创作、存储和展示法治学习资源的工具，它正逐步实现并有可能取代实体法治教材的功能。与实体法治教材相比，电子法治教材的优势在于其灵活性、吸引力、交互性、延展性、生动性、趣味性、易获取性以及低成本等特点。

电子法治教材是现代科学技术发展的产物，代表了学校法治教学领域的一场科技革命。因此，法治教师不仅要重视电子法治教材，还应积极参与到电子法治教材的开发中。电子法治教材的发展是大势所趋，它将推动法治教师教学方式和学生学习方式的转变。

电子法治教材也促进了学校法治教学活动中师生关系的转变。由于电子资源在网络空间的广泛可用性，任何人都可以自由获取和学习，这在一定程度上减少了学生对教师直接教学指导的依赖。在电子法治教材的环境中，师生获取知识的机会更加平等，这有助于强化师生之间的平等关系。

电子法治教材的学习便捷性显著，学生可以根据自己的节奏开始和结束学习活动，并自行检测学习效果。然而，这种学习模式也带来了挑战，因为电子法治教材的信息量巨大，要求学习者具备较强的信息筛选能力。如果学生的筛选能力不足，可能会影响学习效果，甚至导致法治素养的下降。

电子法治教材具有显著的优越性，尤其适用于边远山区的学校，在一定程度上有助于解决教育公平问题。

2. 实体法治教材

实体法治教材以实体形态存在，直观且易于理解，符合人们学习法律知识的传统习惯。当前，虽然国家层面的实体法治教材已处于领先地位，但地方与校本实体法治教材的发展却相对滞后。因此，我们需要转变思路，打破单一依赖国家教育行政部门规划的旧模式，激发地方与学校层面的积极性，共同推动实体法治教材的建设。同时，应加大对相关人才的培养力度，为地方与校本实体法治教材的繁荣发展奠定坚实基础。对于地方与校本实体法治教材初期建设中可能出现的问题，我们不应回避，而应正视并努力克服，认识到这些问题不应成为阻碍地方与校本实体法治教材发展的理由，而应视为推动其长远进步的契机。

3. 电子与实体法治教材相辅相成

在法治教材体系中，电子与实体教材相辅相成，共同构成了教育教学的坚实基础。电子教材作为新兴力量,是学校法治教学不可或缺的重要组成部分;而实体教材,依然是学校法治教学的主体。因此,在推动法治教材建设时,我们需坚持"双轮驱动"策略,同步强化电子与实体教材的发展。

随着科技的飞速发展,尤其是人工智能技术的广泛应用,法治教材领域正经历着前所未有的变革。这既带来了前所未有的挑战,也孕育着巨大的发展机遇。在此背景下,深入探索电子法治教材的新业态,积极应对其建设过程中涌现的新问题,并加速其发展步伐,显得尤为迫切。

电子法治教材的兴起,对学校法治教学模式、学习方式、师生互动、课堂管理及教学效果评估等多个方面产生了深远影响。如何扬长避短,充分发挥电子法治教材的优势,同时规避潜在风险,成为法治教育领域亟待解决的问题。从教育管理者到一线教师,再到学校的管理人员,都需勇于拥抱科技变革,积极适应这一新趋势,以确保法治教育能够紧跟时代步伐。

值得注意的是,尽管电子法治教材势头强劲,但实体法治教材作为法治教育的基石,其地位依然不可动摇。当前,实体法治教材正面临着开发权限调整等多重挑战。为此,提升实体法治教材的建设质量,重塑其信任基础,是确保法治教育稳健发展的关键。

## 二、法治教材的使用、管理和开发

### (一)法治教材的使用

法治教材的正确使用是学校法治教育成效的关键。选对、用好教材,可以事半功倍;反之,则可能削弱学校法治教育的价值,影响法治教育学科的独立发展。

1. 精选教材,奠定基石

法治教材的选择应严格遵循课程标准,确保所选教材既具有权威性,又符合教学实际需求,同时保持内容的多样性。为此,学校应成立由法治教师、管理人员及学生代表共同组成的教材挑选小组,通过规范的选拔程序,挑选出既符合课程标准又易于学生理解的优质教材。同时,鼓励国家、地方、校本教材相互补充,形成多元化教材体系。

2. 紧跟时代,持续创新

学校法治教学应紧跟时代步伐,不断更新教材内容与教学方式。中小学法治教育虽已融入相关课程，但仍需不断探索提升。高校则需明确学校法治教学与专业教学的界限，制定整体规划，避免教学内容重复与低效。

3. 丰富形式，激发活力

法治教材形式多样，包括但不限于教科书、电子教材、教学软件等。学校法治教学应充分利用这些资源，打破单一教材模式，让法治课堂生动多彩；鼓励学生参与实践活动，从身边案例中汲取法治智慧。

4. 理论与实践并重

法治教材的运用是理论与实践的有机结合。教育者需不断探索如何将理论知识转化为学生的实际行动能力，处理好二者关系，使法治教育更加贴近实际，提升教学实效性。

（二）法治教材的管理

法治教材管理旨在通过精心规划与高效执行，确保法治教育资源的合理配置与有效利用，以支持法治人才的培养和公民法治素养的提升。在依法治国的大背景下，法治教材管理与传统教材管理相比有着更高的要求，它涵盖了人员配置、硬件投入、培训发展等多个方面，且标准更为严格。面对法治教材管理，如何进行管理、谁是管理主体以及如何设定管理目标等问题亟待深入探讨。

法治教材管理的核心在于平衡其工具性与人文性。工具性强调科学高效，要求我们遵循管理规律，总结经验教训，采用科学手段优化资源配置；而人文性则聚焦于激发潜能，鼓励教师与学生的积极性与创造力，培养法治兴趣与信仰。

在具体实践中，我们应致力于构建资源共享机制，如重复利用教科书、共享教案资源，以减少教师的重复劳动，让教师有更多精力专注于教学质量的提升。

此外，顺应信息化发展趋势，构建法治教材管理信息化平台，将显著提升教材管理效率，同时促进信息的即时流通与资源的精准对接。

总之，法治教材管理是一项系统工程，需要从制度、资源、人员等多方面综合施策，科学管理与人文关怀并重，为法治教育的蓬勃发展奠定坚实基础。

（三）法治教材的开发

法治教材的开发，核心在于探索、整合与利用法治教育的新资源。目前，许多法治教育资源潜藏于其他学科及教材之中,为实现学校法治教学目标,深度挖掘这些资源显得尤为重要。

法治教材资源的匮乏是一个普遍现象。中小学缺乏独立的法治教材,大学法治教学资源同样有待进一步开发。中小学的法治教学常与其他学科融合,难以凸显其独特性与独立性。

为解决法治教材资源短缺的问题,亟需构建国家、地方、学校三级联动的资源开发体系,深入研究各级体系的特点与需求。针对中小学生,应聚焦他们的认知特点与实际需求,开发直观生动的音视频等法治教学资源;而对大学生,鉴于其理性思维与法治知识的积累,教材内容可侧重社会典型案例与现行法治状况的研究,以培养其法治信仰为核心,从民主、国家意识及反思能力等多维度选取教学资源。

提升法治教材开发质量的关键在于转变观念与强化制度建设。相关机构需增强开发意识,主动作为;完善教学制度,为教材开发提供依据;鼓励创新尝试,对开发过程中的探索性失误保持宽容态度。各级教育机构应灵活运用相关政策,积极组织教研活动与学术交流,促进学校法治教学内容与公共资源的深度融合。

创新是法治教材开发的灵魂,相关机构需不断拓展开发领域,将法治教材的开发与教育相关各方的切身利益紧密相连,激发各方参与热情,有效解决法治教材开发过程中出现的问题。

## 第三节　法治教科书

### 一、法治教科书概述

（一）法治教科书的概念

法治教科书是指严格遵循法治课程标准编撰的,全面涵盖法治学科知识体系的教学指导用书。这些教科书根据教育阶段的不同,可以分为小学、中学及高校法治教科书。

当前市场上尚未有专门的法治教科书,其功能多由思想政治、法学专业及政治理论教科书兼任。然而,随着依法治国的深入实施与公众法治意识的日益增强，对独立法治教科书的需求越发迫切，编制法治教科书成为推动法治教育及全民法治素养提升的关键一环。

深入研究、编制法治教科书，不仅能够弥补当前学校法治教学中的不足，还能显著提升学校各教育阶段教科书的利用效率。当条件成熟时，制定独立的法治课程标准并编撰专门的法治教科书，将全面优化从基础教育到高等教育的学校法治教学体系，引领法治教育迈向新台阶，这是法治教育未来发展的必然趋势。

（二）法治教科书的构成

法治教科书作为法治课程标准的具象化展现，应揭示课程标准的具体分解与实施路径。它根据年级或学期划分为多册，每册又细致规划为多个单元与章节，精准对接国家对不同年龄段学生的法治教育要求。尽管各年龄段的教学内容各异，但作为教学核心的法治理念，如社会主义法治观、规则意识及遵法、守法、护法精神，是贯穿始终的共通主线。

针对中小学生，法治教科书的设计应注重图文并茂，以契合学生学习偏好；文字叙述应力求深入浅出，既富含哲理又不失易读性；习题设置则需紧密贴合中小学教学实际，既合理又富有启发性。

相比之下，大学法治教科书则追求内容的广度与深度，鼓励学生主动探索与思考，激发学生的研究兴趣与批判性思维，避免教学内容的低龄化倾向。

无论是中小学还是大学的法治教科书，都应摒弃空洞的说教方式，力求教学内容贴近学生日常生活，使法治理念在学生的实践中生根发芽，从而将国家的法治教育目标转化为具体可感的学习体验。

（三）法治教科书应具有的四大特征

1. *法治教科书的经典性*

法治教科书是学校法治教学智慧的结晶，应精炼总结过往教学经验，体现特定时期的法治教学精髓。每一本经典的法治教科书都是集体智慧的结晶，能够经得起时间的考验。

2. *法治教科书的权威性*

法治教科书应体现国家意志，它是塑造国民身份认同、文化自信及价值观的重要工具。它不仅传授法治知识，更是国家形象与教育水平的反映。

### 3. 法治教科书的全面性

法治教科书的全面性体现在内容的广泛覆盖与多层次呈现，应致力于全面传授社会主义法治理念、基础知识与技能。

### 4. 法治教科书的准确性

法治教科书的准确性是其生命力所在，它紧密跟随法律法规的变迁与法学研究的进展。教科书需保持其内容的时效性，准确反映现行法律法规与通识法理。

## 二、法治教科书的编写

### （一）编写的形式

法治教科书的编写形式通常受到客观条件的制约，特别是国家教育体制和学校法治教学规律的影响。通常，教科书的编写形式包括国定、审定、统编、非统编等几种。"国定制"有助于积极、系统、集中地宣传国家政策和社会主义核心价值观，而"审定制"则有助于通过市场竞争来提升教科书的质量。至于教科书是采用"统编"还是"非统编"的形式，应依据学科特性和教学需求来决定。[①]

在我国法治教育的发展初期，"国定制"法治教科书扮演着至关重要的角色。这种教科书的推广能够确保法治教育的统一性和权威性，迅速覆盖全国各地的学校，从而为学生提供一致的法治教育经验。通过国家层面的严格审核和质量控制，这些教科书能够准确地传达国家法治建设的核心理念和最新法律法规，确保学生接触到的信息是最新、最准确的。

"国定制"教科书的另一个显著优势是其在推动教育规范化和科学化方面的作用。它不仅为法治教育提供了标准化的教学内容，还促进了教学方法和评估体系的统一，使得教育质量得到有效保障。此外，这种教科书还能够作为其他学科规范化发展的参考和借鉴，进一步强化学生的综合素质和批判性思维能力。

---

① 刘霞，冯建军. 20世纪上半叶我国教科书统编的历史跌宕与问题探讨［J］. 课程·教材·教法，2020，40（12）：53.

## （二）编写的过程

首先，提升认知。只有深刻理解法治作为现代社会基石的本质，我们才能凝聚共识，统一行动。法治理念的具体化需要教育的支撑，而教科书作为教学的核心载体，其权威性、经典性、全面性与准确性至关重要。因此，编纂法治教科书不仅是法治教育改革的迫切需求，更是时代赋予我们的使命。在我国，保障人民权利的关键在于法治，一套高质量的法治教科书，实质上是回应了人民的深切期盼。

其次，制度先行。我们需要构建完善的教学管理制度，明确编写流程、人员职责与管理规范，确保法治教科书编纂工作有章可循，推动编纂过程规范化、法治化。

再次，强化投入。我们必须加大资金、人力与物力支持力度，弥补当前投入不足的现状，为高质量法治教科书的诞生奠定基础。

又次，汇聚英才。编纂团队应具备法律专业知识、教学经验、实践积累与国际视野，并深刻理解中国传统文化，确保教科书内容既具国际前沿性又贴近本土实际。

最后，与时俱进。"信息化时代，教科书的数字化转型已势在必行"[1]，法治教科书的编写人员应紧跟信息科学技术迅猛发展的步伐，不断创新编写理念和方法。

## （三）编写的标准

法治课程标准明确了法治教科书的质量基准与规格要求，法治教科书的编纂和投入使用，对学校法治教学有深远影响。优秀的法治教科书应达到以下编写标准。

1. 内容标准

精选法治思想、理念、知识与技能，确保内容既符合国家导向，又贴近师生实际，同时考虑社会法治背景，科学规划各学段内容布局。

2. 体系标准

构建有机统一的逻辑框架，强化大中小学法治教育的一体化衔接，打破学

---

[1] 张美静，周美云. 新世纪 20 年数字教科书研究：焦点透视与未来走向［J］. 教育理论与实践，2021，41（16）：60.

段壁垒,促进知识体系的连贯性与系统性。

3. 文字标准

采用规范中文,兼顾少数民族语言需求,注重字体大小与美观度,确保文字表达的科学性与教育性。

4. 插图标准

插图需精准反映教材内容,兼具艺术性与教育意义,以精美设计吸引学生兴趣,传递正面价值观与美学享受。

5. 音像制品标准

若涉及有声读物,应确保音质清晰、音量适中,适应学生身心特点,提升学习体验。

6. 练习题标准

依据科学调研,合理设定练习量、难度与内容,确保练习有效促进知识巩固与能力提升。

7. 印刷标准

采用环保材料,保障学生阅读健康,同时注重书籍设计的实用性与审美性,满足不同年龄段学生的需求。

8. 修订标准

建立灵活的修订机制,紧跟法律更新与教育研究进展,明确修订流程、责任主体及质量标准,确保教科书内容的时效性与权威性。

# 第五章　学校法治教学智慧课堂

"智慧课堂就是依托网络通信技术，创设数字化、智能化、个性化的课堂教学环境，通过先进的智慧教学模式提高学生智慧能力、促进学生智慧生长，培养高技能和创造力人才的教学活动，实现课堂教学与信息技术的深度融合。"[①] 学校法治教学智慧课堂是科学技术发展的产物，随着科学技术的进一步发展，学校法治教学智慧课堂也将发生变化。

## 第一节　学校法治教学智慧课堂概述

### 一、学校法治教学智慧课堂的概念

学校法治教学智慧课堂，依托网络技术的创新应用，构建了一个独特的教学环境，其目的是全面提升学生的法治素养，培育社会所需的法治人才。这一课堂体系由网络信息技术、法治理念、学生主体、教师角色及教学活动等核心要素构成，相互依存，共同促进法治教学课堂的高效运作。

网络信息技术是学校法治教学智慧课堂的基础架构，也是法治教育的信息桥梁。它要求法治教师紧跟时代步伐，掌握并灵活运用网络信息技术，以技术赋能法治教育。法治理念是这一课堂的核心和灵魂，是引领学生深入理解法治精神、培养法治思维的关键。

在学校法治教学智慧课堂中，学生是教学活动的中心和主体，他们的需求和成长轨迹是教学设计的核心。教师则作为法治教学活动的引导者和组织者，通过不断学习智慧课堂知识、法治知识，提升专业素养，为学生打造个性化的学习路径，确保教学活动符合学生实际情况。

---

① 许文芝.论智慧课堂在高职教学中的应用［J］.教育与职业，2021（12）：98.

## 二、学校法治教学智慧课堂的特征

学校法治教学智慧课堂的一个显著特征是其教学决策的数据驱动性。教师利用先进技术手段全面收集并分析学生的学习数据,以科学的数据分析为依据,精准制定教学策略,及时调整教学内容与方法,确保法治教育的针对性和有效性。

此外,学校法治教学智慧课堂还显著促进了师生之间的互动交流。通过多样化的互动方式,教师能够直观地了解学生的学习进展与遇到的困难,及时给予有效指导,实现师生之间的无缝沟通与协作。这种互动模式超越了时空限制,丰富了教学交流的形式,提升了教学效果的深度和质量,拓宽了教学的广度。

学校法治教学智慧课堂还具有教学反馈及时的优势。通过智慧系统对课堂动态的实时监控与评估,教师可以迅速掌握学生的学习情况,学生也能及时获得教师的评价与建议。这种双向反馈机制为教学质量的持续提升提供了有力保障。

学校法治教学智慧课堂能够根据学生的学习特点与需求,智能推送多样化的教学资源,如微视频、文档、图片等,这不仅满足了学生的个性化学习需求,还激发了他们的学习兴趣,提高了学习效率。这种针对性强、个性化的教学资源推送策略,可以帮助学生弥补学习短板。

学校法治教学智慧课堂凭借这些独特的优势与魅力,为传统课堂教学注入了新的活力与变革的动力。随着教学实践的不断深入与发展,学校法治教学智慧课堂将在激发学生生命活力、推动课堂教学改革方面发挥更多积极作用。

## 三、学校法治教学智慧课堂的特殊适应性

学校法治教学智慧课堂,作为一种创新教学模式,不仅继承了传统课堂教学的精髓,还实现了对其的超越。这种超越主要体现在以下几个方面。

(一)经验弥补

法治教学智慧课堂有效弥补了师生在法治实践经验上的不足。通过模拟社会生活场景,利用视频、文字、数据等多维度资料,让学生间接积累法治经验,深化对法治精神的理解。

## （二）案例教学

智慧课堂在案例教学上展现出卓越的能力，依托大数据平台汇聚案例资源，为教师备课与学生自学提供丰富选择，使案例教学更加精准、高效。

## （三）情境创设

智慧课堂擅长创设逼真的法治情境，基于对学生法治学习现状的分析，构建富含法治元素的学习环境，促进学生的深入学习与体验。

## （四）科技融合

通过与现代科技的深度融合，法治教学智慧课堂实现了与法治实践的无缝对接，让学生在课堂上感受法治的脉搏，激发学习的积极性、主动性与创造性。

学校法治教学智慧课堂的这些特点，使其成为法治教育的活力源泉，为传统课堂教学带来了新的变革动力。

## 四、如何正确看待学校法治教学智慧课堂

### （一）学校法治教学智慧课堂的优势

学校法治教学智慧课堂以其独特魅力，展现出超越传统课堂教学的优势。这些优势不仅在宏观上重塑教育格局，更在微观层面深刻影响日常的教学细节。从教学方式的转变到教学观念的革新，学校法治教学智慧课堂成为课堂教学领域的一次变革。

1. 促进教育公平的新途径

学校法治教学智慧课堂开辟了促进教育公平的新途径。智慧课堂利用其平台，为缩小不同地区教育资源的差异提供了新思路。通过高端教学资源的协调布局和资源共享，可以有效提升落后地区学校的法治教学水平。

2. 提升课堂教学效率

学校法治教学智慧课堂极大提升了课堂教学效率。在追求育人的同时，学校法治教学智慧课堂借助信息技术使教学更科学化、精准化。教师能实时掌握学生学习动态，灵活调整教学策略，这种即时反馈与动态调整能力是传统课堂

教学难以比拟的。

### 3. 优化教学资源配置

学校法治教学智慧课堂优化了教学资源配置。它通过统一配置与优化学校法治教学资源，构建了信息互通、系统协调、资源共享的智慧化教学环境。这种高效利用教学资源的模式，节约了成本，发挥了智慧课堂的教学功能，实现了教学资源的最大化利用。

### 4. 革新教学方式

学校法治教学智慧课堂革新了教学方式。它打破了传统教学的时间与空间限制，赋予学生更多学习自主权。学生可根据实际情况选择学习内容和时间，通过智慧教学平台获取知识。教师也能随时调整教学内容和方式，确保呈现最佳教学效果。

### 5. 搭建了师生交流新桥梁

学校法治教学智慧课堂成为师生交流的新桥梁。师生交流不再局限于课堂，通过手机、电脑等技术终端，学生可随时随地与教师进行多种形式的交流。这种交流方式降低了学生的交流门槛，使他们更敢于表达、乐于交流。智慧课堂促进了多种学习模式的形成，使课堂教学由单一走向多元，激发了学生的学习兴趣和探究精神。

## （二）学校法治教学智慧课堂的局限性

学校法治教学智慧课堂以其卓越的技术优势引领教学新风尚，但其背后的局限性也不容忽视。只有深入剖析这些局限性，我们才能更全面地发挥其优势，实现课堂教学的优化升级。

### 1. 技术依赖风险

法治教学智慧课堂融合了课堂教学与网络信息技术，是历史性的进步。但部分教师与教学单位陷入了"唯技术论"的误区，将技术使用作为衡量教学质量的唯一标准。这种倾向可能导致教师在失去技术辅助时无所适从，忽略了课堂教学的核心价值——人的成长与启迪。课堂是知识与情感交流的圣地，技术应服务于此，而非取而代之。

### 2. 人文关怀的遮蔽

在法治教学智慧课堂中，教师与学生可能隐身于技术背后，相互之间的交流缺乏温度。技术成为主角，师生情感交流与教学活力悄然消逝。法治情感与信仰的培养需要心灵的碰撞与共鸣，而非数据堆砌。如何在技术辅助下保留并增强学校法治教学的人文色彩，是法治教学智慧课堂面临的挑战。

3. 教学管理模式的转变

传统法治教学课堂以人为管理核心，而在法治教学智慧课堂中，这一核心转向数据，数据的客观性与人的情感形成对比。科学的管理数据可以为教学提供参考，但无法替代教育者对人性的洞察与关怀。

4. 技术的有限性

法治教学智慧课堂作为科技进步的产物，受到人类认识能力的局限。我们应以开放心态看待法治教学智慧课堂的迭代升级，将其视为一个不断完善的过程。

5. 技术的操控性

在法治教学智慧课堂的运作中，技术背后隐藏着伦理和道德考量。如果使用者道德失范，则可能利用技术漏洞实施不当行为，这可能会对学生的成长造成负面影响。加强技术伦理监督、建立健全监管机制是保障法治教学智慧课堂健康发展的必要之举。

（三）对待学校法治教学智慧课堂的态度

对于学校法治教学智慧课堂，我们应持有辩证而审慎的态度。一方面，我们欢迎科技进步为课堂教学带来的便捷与高效；另一方面，我们也需认识到，若科技成果未能妥善运用，则可能潜藏风险与危害。对待学校法治教学智慧课堂，我们应该采取正确的态度。

1. 积极拥抱并善用其优势

我们应充分利用学校法治教学智慧课堂的直观性、精细性与客观性，优化教学资源配置，提升学校法治教学效果。教师应成为资源的淘金者，精选教育平台与 APP 中的素材，设计出贴近本校法治教学实际的教案、课件与微课，满足不同学生的个性化需求，激发其学习潜能，培育其深厚的法治信仰。

2. 因地制宜，勇于创新

学校法治教学智慧课堂建设应避免"一刀切"的做法，教师应结合自身特点与本校学生的学习习惯，灵活运用智慧课堂体系。法治教学智慧课堂是开放的体系，其内容源自教学实践，教师在进行教学设计时，应根据本地教学硬件情况灵活调整。

3. 以人为本，技术为辅

在学校法治教学智慧课堂中，学生是中心，教师是引导者与组织者。技术应服务于人，而非束缚或遮蔽人性。知识的获取、理解与内化，离不开人的参与。学校法治教学智慧课堂的出发点、立足点与归宿点，均在于人，即通过技术的辅助，促进人的成长与发展，让法治之光照亮每一个心灵。

## 第二节　学校法治教学智慧课堂建设现状

对学校法治教学智慧课堂建设现状的分析是一个涉及多维度的问题，不仅涉及教师的教学行为，还关乎学生的学习行为以及学校制度建设等因素。

### 一、法治教学智慧课堂中教师教学行为探讨

学校法治教学智慧课堂中，法治教师的教学行为层层递进，展现出不同风貌与成效。

（一）初级探索

传统与现代的碰撞。在这一阶段，法治教师开始尝试将网络信息技术融入课堂，但仍对传统教学模式怀有眷恋。他们通过自学、互助及专业培训，初步掌握了信息技术工具，如 PPT 制作、资料下载等，试图在传统教学框架内寻求创新。然而，观念的滞后使得他们在实际应用网络信息技术的过程中显得生疏，多依赖外部支持，未能充分发挥网络信息技术的潜力。

（二）中级融合

技术与教学的和谐。中级阶段的教师展现出更高的网络信息技术驾驭能力。他们能够自主设计基于网络信息技术的法治课堂，开始关注学生需求，利用智慧平台促进学生学习。数据分析、效果评价、自动化管理等现代教学手段的应用，标志着他们向智慧课堂迈出了坚实的一步。但这一阶段的教学组织尚显生硬，技术与教学的深度融合需进一步深化。

（三）高级引领

智慧课堂的典范。高级层次的法治教师是智慧课堂实践的领军人物。他们深谙网络信息技术与法治教育的融合之道，以学生为中心，灵活运用多种技术手段，实现个性化教学资源的精准推送。他们引导学生探索法治知识的广度与

深度，鼓励学生通过技术手段进行自我评估与互评，形成良好的师生互动、生生互动氛围。这些教师不断在学习、反思与创新中前行，引领法治教学智慧课堂的新风尚。

## 二、法治教学智慧课堂中学生学习行为剖析

学校法治教学智慧课堂不仅承载着教师的教学艺术，更映射出学生的学习风貌，二者相辅相成，共同构筑了课堂的灵魂。法治教学智慧课堂中学生的学习行为呈现出丰富的形态。

（一）中小学阶段

这一阶段的法治教育以"道德与法治""思想政治"等课程为核心，辅以专题讲座、法治实践基地及青少年法治教育中心等多种形式。教学资源的丰富性，为学生提供了广阔的学习空间。

如果学生善于利用法治教学智慧课堂平台，学习效率将会得到显著提升。多数中小学生对此类课堂抱有浓厚兴趣，因为它促进了师生间的即时沟通，实现了个性化教学资源的精准推送。

然而，资源较为匮乏地区的部分学生因缺乏高质量学习终端，难以利用智慧课堂平台进行学习；部分学生对如何有效利用智能终端搜集学习资源也显得力不从心。中小学生在法治学习资源选择及学习行为控制上，经常感到迷茫。

（二）大学阶段

大学生的法治学习行为更多地体现出目标导向性，他们自主选择网络平台，并在课堂上与教师形成良好的互动。但部分大学生过于追求短期目标，忽视法治学习的深远意义，导致视野狭窄，缺乏宏观视角；部分学生在配合教师教学时表现出被动性；大学生在法治学习中的探索性与创新性不足，也是一个值得深思的问题。

学生在法治教学智慧课堂上的学习行为，是其整体学习行为的缩影，深受社会竞争、学业压力、就业前景、家长期望、社会需求、学习氛围及社会风气等多重因素的影响。考查学生在法治教学智慧课堂上的学习行为，对于提升其学习质量、促进其发展有重要意义。

### 三、法治教学智慧教室建设面临的挑战

学校法治教学智慧课堂的构建基于法治教学智慧教室的精心打造。法治教学智慧课堂离不开智慧教室。智慧教室是一种典型的智慧学习环境的物化，是多媒体和网络教室的高端形态，它是借助物联网技术、云计算技术和智能技术等构建起来的新型教室。智慧教室作为法治教学智慧课堂的物理载体与技术支撑，不仅承载着传统教室的教学功能，更融入了物联网、智能设备等前沿科技，为师生及管理人员提供了高效、便捷的教学资源服务。

智慧教室的普及程度与地区的经济发展水平、对教育的重视程度及公众的网络信息素养紧密相关。目前，我国多数城市中小学及高校已配备了智慧教室，但在中西部农村地区，尤其是中小学校，智慧教室的建设仍然滞后。即便有所布局，也常因教师信息技术素养不足而难以充分发挥效用。值得注意的是，专门用于学校法治教学的智慧教室更是稀缺，多数法治教学活动的开展依赖于通用智慧教室。

法治教学智慧教室建设面临的挑战主要体现在以下几个方面。

（1）需求把握不足：对法治教育需求的精准把握不足，导致教室布局与教学资源配置不尽合理。许多已建成的法治教学智慧教室使用频率低，可用的法治教学数据匮乏，且数据质量与教学内容匹配度不高，难以满足不同年龄段学生的需求。

（2）管理人员专业素养缺失：管理人员专业素养的缺失也是智慧教室建设的一大瓶颈。部分决策者与管理者对网络信息技术、法治知识及教学原理知之甚少，将智慧教室与智慧课堂混为一谈，忽视了二者间的微妙差异。

（3）法治专业力量缺失：法治专业力量的缺失严重制约了智慧教室的专业性建设。缺乏公检法系统、法律界及教育研究者的深度参与，使得法治教学智慧教室的专业性难以保障。

（4）硬件设施的参差不齐也是不容忽视的问题。部分智慧教室配置落后，设备质量堪忧，加之后续维护乏力，严重影响了教学效果。

法治教学智慧教室的建设是一个系统工程，需要政府、学校、企业及社会各界的共同努力。相关部门应从需求分析、规划布局、资源配置、人员培训到技术支持等多个环节入手，全面提升智慧教室的建设水平与应用效能，为法治教学智慧课堂的蓬勃发展奠定基础。

## 第三节　学校法治教学智慧课堂建设策略

现代学校法治教学智慧课堂的构建，就像一幅错综复杂的织锦，一根丝线（即一个因素）的错位，都可能影响整幅图案的和谐与美观。因此，现代学校法治教学智慧课堂建设应统筹兼顾，树立正确的教学理念，优化教学环境，系统推进法治教学智慧课堂建设。

### 一、树立科技与人文相结合的教学理念

学校法治教学智慧课堂构建的首要任务是确立正确的教学理念。智慧，作为一种高阶且全面的思维品质与能力，其形成紧密关联个体的亲身实践与亟待解决的现实问题。没有问题的驱动和个体体验的滋养，智慧便无从谈起。在法治教学智慧课堂中，智慧的核心源自教师对教学实践的深刻反思与教学质量提升的不懈追求。然而，区别于单纯的技术智慧，智慧课堂更侧重于教学实践中的问题解决与教学机制的灵活运用。同时，智慧课堂所指的"智慧"还涵盖了现代科技的精髓，如网络信息技术、5G、人工智能等，它们共同构成了智慧课堂的技术基石。

深入理解法治教学智慧课堂的教学理念，关键在于把握其本质——是价值理性的彰显，还是工具理性的堆砌？显然，法治教学智慧课堂并非单纯追求技术的堆砌，而是以人为本，旨在促进人的全面发展。

人的培养是法治教学智慧课堂的核心，但是在教学实践中，往往存在过度依赖技术标准而忽视教学实际的情况，导致智慧课堂建设偏离初衷。诚然，基本的课堂评估标准不可或缺，但这些标准必须紧密围绕法治人才的培养目标。从课堂教学角度看，任何技术引入到课堂教学中来，是否能够在教学中真正发挥技术应有的价值和作用，不能只看技术是否先进，更重要的是要看课堂教学本身是否需要。[1] 技术引入课堂，其价值在于能否真正服务于教学需求，而非单纯的技术展示。法治教学智慧课堂应以学生为本，技术应成为促进学生个性发展的助力，而非束缚。"在教育人性化层面，只有人与人直接交流的教育才

---

[1] 钟绍春，钟卓，张琢. 如何构建智慧课堂[J]. 电化教育研究，2020，41(10)：15.

有人性"①。

网络科技为学校法治教学带来了便捷，也带来了挑战。它改变了知识传授与技能训练的方式，但同时也存在使人被动适应技术的风险，进而可能限制学生的思想自由与行为发展。因此，在追求教育人性化的过程中，直接的人际交流显得尤为重要。

科技与人文的博弈，是推动教学发展的重要动力。在法治教学智慧课堂中，平衡科技与人文的关系，是实现教学目标的关键。我们应坚持"双主体"思想，即学生主体与教师主导，既激发学生学习的热情，也调动教师教学的积极性。智慧课堂的建设，既要促进学生成长，也要促进教师成长，实现教学相长。

科技与人文的融合，是内在的而非外在的。它要求我们在智慧课堂的教学中，将人文关怀与科技有机融合，共同服务于法治人才的培养。尽管当前法治教学智慧课堂建设仍处于初级阶段，但随着时间的推移与经验的积累，我们将逐步实现二者的内在统一。

## 二、优化法治教学智慧课堂建设的教学环境

法治教学智慧课堂的深入实施，离不开精心构建的教学环境。这里所说的"环境"，实质上是指支撑教学有效进行的一系列基础条件。缺乏这些基础条件，法治教学智慧课堂的实践将难以为继。

### （一）优化法治教学智慧课堂的技术支持

完善的教学配置是法治教学智慧课堂的基础。这些教学配置应包括智能控制设备、高清投影仪、多功能显示器、现代化讲台、高效服务器、专业管理软件与平台、无缝对接模块，以及分组讨论教室、远程协作教室与录播教室等。这些硬件与软件构成了法治教学智慧课堂运作的基石。众多学校积极响应智慧教育的潮流，投入经费建设智慧教室，为法治教学智慧课堂的顺利开展提供了坚实的基础。

此外，技术支持的广度不仅限于校内资源，更延伸至社会层面。诸如科大讯飞、腾讯课堂等平台提供的智慧课堂服务，以及国家教育网站上的慕课资

---

① 孔利华，谭思远. 信息生态场域中的 AI 双师课堂：内涵、构建与评价［J］. 远程教育杂志，2021，39（3）：104.

源、维普公司的课堂资源等，共同织就了一张覆盖广泛、内容丰富的教学网络。这些平台大多采用"教师端"与"学生端"的双轨模式，贯穿课前预习、课中互动与课后巩固全链条，覆盖了教、学、管、考、评等多个维度，充分满足了教学需求。

然而，值得注意的是，尽管硬件与技术环境建设取得了一定成果，但这些教学设备仍存在标准不一、维护困难等问题。同时，部分社会资源与学校法治教学的实际贴合度不高。因此，持续优化法治教学智慧课堂的技术支持环境，特别是硬件质量的强化与技术支持的标准化，显得尤为重要。

（二）构建法治教学智慧课堂的专业支撑

法治教学智慧课堂的独特性在于其专业性，这不仅是其区别于其他智慧课堂的关键，也是提升教学实效性的核心所在。为此，需从以下几方面着手优化。

1. 完善法治知识数据库

为深化学生对中国特色社会主义法治的理解，应开发专业的法治教学数据资源，确保学校法治教学内容的准确性与深度。同时，对现有学校法治教学体系进行梳理，明确法治知识与其他学科知识的界限与联系。

2. 加强法治知识培训

针对网络信息技术开发人员，特别是非法律背景人员，开展系统的法治知识培训，使其深入理解中国特色社会主义法治理念，掌握宪法及法治常识，以更好地服务于法治教学智慧课堂的技术开发工作。

3. 融合教育学与心理学

在技术开发过程中，融入教育学与心理学原理，确保软件、技术与数据资源能够贴近学生的实际需求与心理特征，提升其使用体验与学习效果。

（三）完善法治教学智慧课堂的制度保障

相关行政部门需要从制度建设层面入手，为法治教学智慧课堂的专业发展提供保障。国家或教育主管部门可以出台相关法律法规，明确法治教学智慧课堂的建设目标、资金投入、技术标准、校企合作规范及责任划分等，为法治教学智慧课堂的持续健康发展提供坚实的制度支撑。

鉴于法治教学智慧课堂建设对依法治国的重大意义，以及科技进步与民众法治素养提升的关系，进行制度层面的顶层设计与规划尤为必要，这不仅能避免资源的重复浪费，还能确保法治教学智慧课堂建设的科学性，推动其持续深入发展。

### 三、系统推进法治教学智慧课堂建设

推进法治教学智慧课堂建设的首要任务是深刻理解其建设系统。法治教学智慧课堂建设系统是一个由多元组件有机融合而成的整体，这些组件既相互制约又相互促进，共同支撑起智慧课堂的框架与核心。缺乏系统思维的指引，法治教学智慧课堂的建设可能难以持久开展。

（一）法治教学智慧课堂建设系统

法治教学智慧课堂建设系统可以细分为大系统、中系统和小系统三个层次，每个层次都承载着特定的功能和使命。

1. 大系统（宏观系统）

作为国家层面的战略布局，大系统包括政策支持、资金投入及整体建设规划等关键要素。其中，教育教学发展的整体规划如同舵手，引领着大系统的航向。资金的有效投入、使用、监督与效率评估，以及政策文件、法律法规的完善，共同构成了大系统的坚实支撑，确保法治教学智慧课堂的合法性，与国家发展同频共振。

2. 中系统

作为大系统与小系统之间的桥梁，中系统涵盖了教育教学、科技发展、机械制造等多个领域。科技的飞速发展是智慧课堂智能化的驱动力，而仪器设备的制造与数据资源的开发，则是中系统内部的核心任务。中系统以其承上启下的关键作用，促进着各领域的深度融合与协同发展。

3. 小系统（教学系统）

作为法治教学智慧课堂建设的核心阵地，教学系统直接关联着教学观念的革新、教学改革的深化、教师的培训提升、学生需求的满足以及智慧教室的建设等多个方面。教学系统内部的每一环节都紧密相连，共同推动着法治教学智慧课堂向更高水平发展。

（二）系统推进法治教学智慧课堂建设的策略

对于法治教学智慧课堂建设面临的现实挑战，我们需要明确任务、凝聚共

识、协同推进。首先，研究人员与一线工作者应共同提出问题，随后通过多部门、多领域的积极论证，形成切实可行的实施方案并付诸实践。教育部门、科技部门及教学仪器制造部门应携手合作，共同构建这一系统。

在系统构建过程中，应组建专业机构、配置精干人员、保障充足经费、制定科学的工作制度。同时，还需开展日常管理、技术标准制定及课堂建设评估等工作，确保智慧课堂系统的有效运行与持续优化。智慧课堂系统的构建，标志着教学方式与学习方式的革新。

法治教学智慧课堂系统的构建应具有前瞻性，这一课堂不仅应满足当前法治人才培养的需求，更要为培养适应未来社会需求的法治人才奠定基础。我们应转变人才培养模式，鼓励学生自主学习、终身学习。

# 第六章　学校法治教学的规律

学校法治教学须遵循一定规律才能取得实效，违背规律将导致教学失败。规律是本质的关系或者本质之间的关系。学校法治教学的规律是指学校法治教学内部各因素之间内在的、本质的、必然的联系。学校法治教学研究必须研究其规律，这是教学活动的需要，也是育人的需要。研究学校法治教学的具体规律，要从学校法治教学过程中涉及的基本要素和基本要素之间的联系入手。学校法治教学过程涉及最基本的要素是"教"和"学"，因此，研究学校法治教学的具体规律就是研究"教"的规律和"学"的规律。

## 第一节　学校法治教学中"教"的规律

### 一、法治教师职业成长的规律

法治教师是学校法治教学的核心，法治教师的职业成长规律是学校法治教学所有规律的基础。没有法治教师的成长，就没有学校法治教学的成功。因此，研究学校法治教学规律首先要研究法治教师的职业成长规律。

（一）法治教师的职业成长

法治教师的职业成长是一个漫长的过程。成为法治教师，需要具备一定的学历和职业资格，这包括接受系统的专业知识教育，学习法治知识、理论、基本法律条文和国家政策；同时，还需掌握教育学、心理学、教学论等相关学科知识，这些是成为法治教师的基本条件。

此外，合格的法治教师还必须通过职业资格考试，并在上岗前接受培训，方可正式入职。不同教育层次的机构，如大学、中学、小学、幼儿园，对法治教师的要求各有不同，相应的职业资格考试标准也有所区别。法治教师入职仅是职业生涯的起点,在随后的职业实践中,他们需要不断进行探索、实践、总结、反思和进步,这些活动将贯穿法治教师整个职业生涯。

法治教师是一种极为特殊的职业,它关系到中国特色社会主义法治人才的培养。法治教师职业也是我国众多职业中的一种,学校法治教学工作不仅是法治教师谋生的职业,也是其个人生存和发展的方式。法治教师职业成长不仅要关注法治教师的教育情怀,更要注重法治教师的物质支撑。

### (二)影响法治教师职业成长的因素

法治教师职业成长的影响因素构成了法治教师成长规律的核心。深入考察这些影响因素至关重要。

1. 政策导向因素

国家鼓励的职业类型受政策导向的影响,这种导向通常由国家的生产力发展水平决定。我国坚持全面依法治国。法治教师这一职业受到国家政策的鼓励,政策导向确保了法治教师职业的合法性,也明确了其价值性。

2. 职业素养因素

并非任何人都能成为法治教师,法治教师必须具备一定的专业知识和学历标准,在政治上遵守宪法和其他法律,认同社会主义政治制度,坚持马克思主义法治观,具备高尚的职业道德修养。职业素养是法治教师职业的核心,是其职业发展的关键。

3. 职业理想因素

法治教师职业成长离不开内驱力,内驱力包括物质和精神两个层面,但精神层面的内驱力,尤其是职业理想,是推动法治教师成长的持续动力。具有高尚职业理想的法治教师即使面临困难,也能不断成长,成为领域内的专家和创造性贡献者。反之,缺乏职业理想的法治教师可能在遇到困难时轻易放弃。

4. 物质支撑因素

法治教师职业不仅需要理想和情怀,还需要实际的物质支撑。国家应在政策和法律上提供支持,确保法治教师获得适当的物质待遇,如住房、工资、职业培训和学术交流机会等。没有这些物质支撑,法治教师职业发展将无从谈起。

5. 环境因素

社会对法治教师职业的广泛认同需要长期培养。社会法治素养的提高有助于大众形成对法治教师职业的认同。我国的社会环境总体上有利于法治教师职业成长，但也存在需要克服和改进之处。

### （三）尊重法治教师职业成长规律

首先，我们必须认识到法治教师职业成长的规律是客观存在的。政策导向、职业素养、职业理想、物质支撑和环境之间具有内在联系：政策导向提供保障，职业素养和职业理想是核心，物质支撑和环境同样提供保障，这些要素缺一不可。既然法治教师成长规律是客观存在的，我们就不能仅凭主观意志干预法治教师的成长。例如，提高法治教师的职业待遇是物质基础，没有这个基础，法治教师职业的发展将受到限制；没有正确的政策导向，法治教师的职业发展可能会迷失方向。

尊重和利用法治教师的成长规律，必须坚持法治教师职业成长的法治化。社会规律与自然规律不同，自然规律无需人的介入即可发挥作用，而社会规律则需要人的参与。想要避免不当干预同时又让社会规律发挥作用，法治化是一个很好的选择。这意味着将法治教师职业成长纳入法治轨道，通过相关法律法规明确法治教师的性质、地位、职责、权利、义务等。

尊重法治教师职业成长规律，还必须善于抓住机遇，因势利导。法治教师成长有其机遇期，如个人职业选择时期，需要做好职业选择的指导。入职初期，法治教师应巩固专业知识，学习和熟悉职业规范，政府和社会应提供物质帮助和精神鼓励。随后是职业成长期和成熟期，相关部门应为法治教师的成长创造条件，给予其足够的信任，帮助他们成长。

## 二、法治教师的依法执教

### （一）认识法治教师的依法执教

首先，依法执教中的"法"有两层含义。一层是广义的法，包括基本法律、行政法规、政策、学校的具体规定等，依法执教指依照这些规则进行教学行为。另一层是狭义上的法，专指依照基本法律进行教学，突出依法执教的严肃性和权威性。在日常教学中，这两种意义上的依法执教都十分重要。

其次，需要明确依法执教的主体。依法执教这一概念适用于所有教育工作者。例如，学校领导不应给法治教师安排岗位职责以外的任务，尤其是与教学无关的任务，以免影响法治教师完成本职工作。同时，不熟悉学校法治教学的人员也不应随意干预法治教师的教学活动。法治教师在教学中的最大依据是我国的基本法律，对于违背这些法律的规定，法治教师有权拒绝执行。当然，这并不意味着法治教师可以忽视法律未明确规定的要求；对于有利于人民和国家的事情，即便法律、法规未作规定，法治教师也应在教学中认真执行。

最后，依法执教受到我国法律的保护。依法执教不仅是法治教师的基本权利，也是其基本义务，这要求法治教师具备良好的法律素养和职业道德。

（二）影响依法执教的因素

健全的法制体系是法治教师依法执教的基础。法治教师依法执教不仅需要基本法律和基本规章制度的保障，而且需要这些规定形成一个完整的体系，提供严密的支撑。这个体系不仅涵盖法律本身，也包括教育部门和学校的具体规定。

法治教师的法治意识是依法执教的主观条件。法治教师应具备强烈的法治意识，无论是在社会生活中还是在教学工作中，都应严格依法行事。法治教师的法治意识首先体现在对宪法的尊重上。在我国，宪法具有至高无上的地位，法治教师应确立宪法至上的意识，因为它是国家和个人活动的基础。法治教师的法治意识应在依法执教的实践中不断得到培养和检验。

建设法治国家的使命感是法治教师依法执教的内驱力。法治教师的使命感和对学校法治教学工作的热爱是他们不断前进的动力。在实际教学中，法治教师可能会遇到各种干扰，法治教师的依法执教之路不会一帆风顺，他们需要不断克服各种困难。

健全的法制体系和良好的法治环境为法治教师依法执教提供了外部条件。只有将内部条件与外部条件相结合，依法执教才可能实现。因此，法治教师需要发挥主观能动性，社会则应从制度设计层面入手，为法治教师的依法执教扫清障碍，创造有利条件。

（三）尊重法治教师的依法执教

依法执教是构建长期稳定的学校法治教学秩序、培养合格法治人才的关键。尊重依法执教规律，要承认规律的客观性。社会规律的客观性要求我们承认并尊重它，这是把握和利用规律的基础。过去，我们对学校法治教学的重要性及其在法治教师职业发展中的作用认识不足，在课程设计、教学实施等环节缺乏对依法执教规律的研究。

尊重法治教师依法执教，关键在于深入理解这些规律的含义、包含的因素及其相互联系。对法治教师依法执教的认识，不应仅限于教科书的描述，而应深入实践。人的认识是分阶段的，没有终结，只有不断深化。法治教师对依法执教的认识，是一个长期且持续的过程。

### 三、法治教师教育公平

公平问题是教学中的一个突出问题，它涉及教学资源的配置和权利义务的分配。由于地区发展不平衡，学校之间以及班级之间的师资和教学资源分配存在不合理现象，这导致教育差异被人为扩大。不公平现象不仅体现在教学体系中，也体现在具体的学科教学中。学校法治教学同样面临教学不公平的现实问题，因此，研究法治教学中的教育公平显得尤为重要。

#### （一）教育公平的含义

法治教师教育公平，从宏观层面看，与地区发展和教学资源配置有关；从微观层面看，与法治教师自身的教学信念有关。无论是由宏观因素还是微观因素引起的教育不公，都是法治教师应当关注的问题。法治教师教育公平主要研究影响教育公平的各种因素及其内在联系。

法治教师教育公平是指在一定教学资源配置的条件下，法治教师无偏私、无偏见地对待教学环境、内容、方法和教学对象。

一方面，学校法治教学内容本身是客观的，但法治教师对这些内容的理解和传达是主观的。法治教师个体的主观理解可能与客观内容相符，也可能不符，合格的法治教师应在主观上尽可能准确地反映客观教学内容，以体现教育内容上的公平。

另一方面，法治教师在对待每个教学对象时都应公正无私，不应有所偏颇。例如，不能因学生的家庭背景不同而给予不同的待遇。此外，法治教师在对待教学环境和同行时也应持有公正和平等的态度；在选择教学方法时，应根据教学内容的实际需要和教学对象的具体情况来决定，而不是基于个人偏好。

世界上本来就没有绝对公平，学校法治教学也不例外。学校法治教学的公平是相对的。例如，对学习能力较强的学生提出更高的要求，增加学习内容，这并不是对教学公平的破坏，而是为了适应不同学生的能力和需求。

#### （二）教育公平的影响因素

生产力发展水平是学校法治教育公平的重要影响因素之一。一般而言，生产力水平高的国家，其学校法治教育公平性也相对较高；反之，生产力水平低的国家，学校法治教学的教育公平性可能较低。我国的生产力水平已有显著提高，总体上足以支持社会主义学校法治教学的公平性，为学校法治教学的教育公平提供了坚实的物质基础。

教育制度对学校法治教学的公平性有直接影响。教育制度对何为公平的教学有明确的规定。任何有利于学生健康成长的教学都被视为公平的，反之则是不公平的。不同的教育制度可能对公平有不同的定义。

文化传统对教育公平有影响。中国法治教师的教育公平既受传统文化的影响，也受当代文化的影响。社会主义核心价值观对法治教师的教育公平有着深刻的影响，符合这些价值观的教学实践被视为公平的。

法治教师个人的教育公平观也很重要。不同教师对教育公平的理解可能不同，因此对同一教学行为的评价也可能有差异。法治教师需要不断学习，提高自己的思想水平。教师个人的教育公平观不仅包括其当前对公平的理解，还包括其对未来公平的追求，这种追求可以激励法治教师不断努力，推动学校法治教学向更加公平的方向发展。

### （三）尊重教育公平

教育公平是人民的诉求，实现教育公平是社会主义教学本质的体现，因此，我们必须尊重教育公平的规律。

首先，法治教师要认识到教育公平的重要性，并在教学中体现这一原则。他们应公正无私地教授法治内容，准确弘扬社会主义法治精神，并通过自己的教学和日常行为，传递社会主义法治的信仰。在教学中，法治教师应公平对待每位学生，将因材施教与平等对待相结合，实事求是地提高课堂教学效果，培养更多符合社会主义要求的法治人才。

其次，公平是相对的，社会要对法治教师的教学活动持理解和包容的态度。在同样的班级和教学条件下，由于学生个性的差异，教学效果不可能完全一致，因此，应避免教学活动中的"攀比"和"内卷"。

再次，国家要从制度上完善学校法治教学评价。明确界定何种学校法治教学是公平的，何种是不公平的，为法治教师提供明确的行为遵循标准，增强教育公平的可能性。

此外，政府应发展生产力、改善办学条件、完善教学设施，为学校法治教学公平的实现奠定坚实的物资和技术基础，并公平地配置这些资源。

## 第二节　学校法治教学中"学"的规律

"学"的规律是指学生法治学习过程中各种因素之间内在的、本质的、必然的联系。这些因素既包括学生的内在因素，如学习方法、年龄、基础、智商、心理状态、体质等，也包括外在因素，如学习环境、资源、设施等。教师的教学旨在促进学生的学习，研究学习的规律具有重要的价值。对于学习的规律，不同学者可能有不同的理解，一般认为学习规律包括学生全面发展、身心发展、兴趣特长发展等。

### 一、学生全面发展的规律

#### （一）全面发展的含义

在马克思看来，全面发展是建立在生产力高度发达的基础上的。全面发展意味着人摆脱了对人的依赖关系，人没有特殊的活动领域，不再属于某一个生产部门或者某一个生产部门的某一部分。人们可能根据自己的兴趣今天做这件事，明天做另一件事，如上午打猎，下午捕鱼，傍晚从事畜牧，晚饭后从事批判。全面发展与片面发展相对立，要求个人拥有全面的素养。这些理论对理解学生全面发展的规律具有重要的指导意义。

学生的全面发展涉及德、智、体、美、劳等多方面的发展。法治素养是全面发展的重要组成部分，它不仅融入德、智方面，也体现在体、美、劳等方面。

学生的全面发展不是一个封闭的概念。随着社会的进步、人们认识能力的提高以及社会实践的需要，法治素养日益受到人们的重视。法治素养是道德的底线，缺乏法治素养就无法实现学生的全面发展。

#### （二）影响学生全面发展的基本要素

影响学生全面发展的基本因素包括法治因素、道德因素、智力因素、身心因素等，学生的发展实质上是这些因素的发展，研究学生全面发展的规律，就是探索这些因素之间的联系。

1. 法治因素

法治为个人成长提供基本规则，无论是基于生理特性还是社会环境，基本规则在人的生存和发展中不可或缺。

2. 道德因素

道德是内化于心的社会规则，是法治规则在个人内心层面的体现。道德规则比法治规则更为广泛，也是学生全面发展的内在驱动力。

3. 智力因素

智力是解决问题的能力，反映人的大脑理解自然、社会、人自身以及进行社会生产活动的能力。

4. 身心因素

身心因素包括身体和心理两个方面。强健的身体是学生全面发展的基础，而心理健康同样重要，有时甚至比身体健康更为关键。学生需要理解自己的生理机能，学会接纳自己，掌握健身方法，并加强心理锻炼。

（三）如何促进学生全面发展

人的全面发展是人类社会文明进步的成果，是生产力发展的必然趋势，同时也是人的内在需求。法治素养是学生全面发展的重要组成部分。

学生的全面发展在具体的学生身上表现不同，学生的个性和某一特长的发展并不是对全面发展的否定。一方面，学生的全面发展离不开法治素养的培养；另一方面，要让学生明白国家的法律是如何保障人的全面发展的，以及个体如何通过法治素养来促进自己的全面发展。

学生的全面发展也离不开社会制度的支持。社会主义制度为学生全面发展提供了坚实的支撑。我国鼓励每个学生学习法治知识，有持续实施的普法计划。国家在各级各类学校开设法治课程，培养法治人才，并鼓励法学和法律研究，建立法治教育基地和研究中心。这些为学生学习法治奠定了基础，为其全面发展创造了有利条件。

社会生产力的发展为学生的全面发展提供了物质基础。法治教育、教学和研究都需要建立在一定的物质基础之上。当前，我国的生产力水平已有显著提升，能够为学生的全面发展提供一定物质支撑。

## 二、学生身心发展的规律

在学校法治教学过程中,学生的身心发展是学习的基础。学生学习法治知识、接受法治教育、培养法治技能、提高法治素养,与学生的身心发展密切相关。

### (一)身心发展的含义

学生的身心发展规律是指学生身体和心理发展各因素之间的内在、本质、必然的联系。身心发展规律包括身体发展规律、心理发展规律,以及身体发展与心理发展相互联系的规律。身体发展规律涉及身体成长各因素之间的联系,如营养、遗传、环境、锻炼等。心理发展规律则涵盖认知、情感、意志等方面。身体发展受心理发展的指导和调节,健康的心理状态通常有利于身体发展。因此,在学校法治教学中,教师应培养学生的认知、情感、意志,并利用这些因素促进身体健康发展。同时,身体发展也是心理发展的基础,没有良好的身体条件,心理发展可能受阻。

### (二)影响学生身心发展的基本要素

学生的身心发展包括身体发展和心理发展两大方面,这两大方面相互联系并相互影响。良好的身体健康有助于心理发展,反过来,良好的心理发展也有助于身体发展。然而,在特殊情况下,身体发展与心理发展可能会出现不一致,如残障人士尽管身体上有障碍,但可能在心理发展上表现出色。此外,社会生活的变化可能导致一些学生出现心理障碍,或因营养过剩、缺乏运动导致身体问题。要改善不良的身心发展状况,可以从身体或心理任一方面入手。

遗传因素是影响个体身心发展的重要因素,它为身心发展提供了自然物质基础。个体的遗传特征部分来自父母,是不可改变的自然因素,但并非唯一决定性因素。社会因素作为环境因素,对学生的身心发展至关重要。一个良好的社会环境有助于学生身心健康成长。

### (三)如何促进学生身心发展

首先,要尊重学生身心发展规律。在学校法治教学中,对学生身心发展规律的尊重不应停留在认识层面,更应体现在具体的教学活动中。身心发展规律具有客观性,无论我们是否意识到,它们都在发挥作用。因此,在学校法治教学中，我们不能强迫学生做违背其身心发展规律的事，也不能教授与学生身心特点不符的内容。例如，在进行案例教学时，需要确保案例的适宜性和教学方法的恰当性。

其次，要全面认识、理解学生身心发展规律。学校法治教学面向所有学生，教师应将学生的身心发展放在具体的教学环境中来考量，并深入了解学生的需求，了解他们的个性心理特征，深入他们的精神世界，理解每个学生身心发展的特殊性。通常，年长学生的心理成熟度高于年幼学生，理解学生身心发展的特殊性，有助于把握学生身心发展规律。

最后，教师只有在教学实践中不断认识和总结学生的身心发展规律，才能有效提高利用这些规律的能力。不同学生的身心发展各有特点，对法治知识的接受程度和法治技能的掌握水平也不尽相同。对此，教师应有清晰的认识。法治教师应相互学习、交流经验，提升教学理论水平，增强在学校法治教学实践中的自觉性。

### 三、学生兴趣发展的规律

兴趣是最好的老师，它不仅关系到学校法治教学活动的顺利开展，还关系到学生法治学习的效率。一般而言，兴趣高的学生学习效率也高；相反，兴趣低的学生学习效率往往较低。兴趣还可以发展为特长。学生的兴趣发展规律是学校法治教学中一个重要的规律。

（一）兴趣发展的含义

兴趣发展规律指的是在发展兴趣和特长的过程中，各因素之间的内在联系。兴趣是人在认识或活动中表现出的一种心理倾向，它以个体的需要为基础，是人类活动的重要动机之一。没有兴趣的活动往往难以持久，因此，在法治教学中，教师需要认识和研究学生的兴趣，并遵循其发展规律。

（二）影响学生兴趣发展的因素

需要是人因机体缺乏而产生的心理倾向，由机体自身和外部生活条件的短缺造成。在学校法治教学中，学生的兴趣往往由需要引起和形成。法治学习的需要不同于机体的自然需要，它需要通过教师的启发或学生的自我教育形成。法治学习的需要通常从无意识状态发展到有意识状态，需要来自外部的启发，否则在学生阶段，学生可能意识不到法治学习的需要。

社会环境对学生法治兴趣和特长的形成具有重要影响。社会环境既可以促使兴趣产生，也可以抑制兴趣的形成。社会对特定专业或产业的提倡，会影响人的兴趣发展。例如，建立法治社会是全社会的普遍诉求，在我国，社会环境对学生法治兴趣的形成具有重要影响。

家庭影响也不容忽视。兴趣是一种心理倾向，它不仅受父母遗传特征的影响，而且受家庭环境，尤其是父母对子女教育的影响。学生的法治意识和行为与父母的法治意识和行为密切相关。如果父母对法律学习有浓厚兴趣，或者从事法治职业，一般而言，子女在无形中也会对法治产生兴趣。

学生个人的体验和经历对法治兴趣的形成起着决定性作用。在法治学习中，积极的体验和成功的经历会增强学生对法治知识的兴趣，并有助于形成特长。相反，如果学生在法治学习中屡遭失败，或感知到社会中法治的不完善，可能会对法治学习失去兴趣。

### （三）如何发展学生的兴趣

#### 1. 启发学生的法治学习需要

许多学生并未真正理解法治的重要性，即使部分学生对法治的作用有所理解，但缺乏实际体验和感知。因此，我们需要引导学生充分认识到法治是社会的必需品，是每个人的需求，包括他们自己。只有当学生意识到法治对每个人的价值时，才能激发他们学习法治的兴趣。

#### 2. 肯定学生的点滴进步

兴趣的培养是一个渐进过程。在法治学习中，教师应及时肯定学生的每一点进步。这种肯定能够为学生带来积极的情感体验，激发其学习法治的兴趣。

#### 3. 抓住由兴趣到特长发展的契机

兴趣很容易发展成为特长，而基于兴趣的特长培养成本更低，效率更高。一旦学生对法治产生兴趣，学习效率将显著提升。这样的学生可能形成法治知识、技能方面的特长，未来可能成为法治人才或专家，这正是中国特色社会主义法治事业所需要的。

## 第三节　学校法治教学中"教"与"学"的关系

学校法治教学过程中"教"与"学"的关系是学校法治教学的基本规律之

一，它不仅影响着学校法治教学活动的开展和教学效果，也关系到学生的成长和法治教师的职业发展。在学校法治教学中，探讨"教"与"学"的关系是怎样的，构成这种关系的要素有哪些，以及决定这些关系的因素是什么，是至关重要的。

我们在这里探讨的学校法治教学中"教"与"学"的关系，背景是中国当前的社会环境，这决定了学校法治教学中"教"与"学"的关系是一种新型的教学关系，在对其进行研究时，必须研究"教"与"学"之间内在的、本质的、必然的联系，以更好地服务于学校法治教学。

## 一、"教"与"学"的关系的含义

在学校法治教学过程中，"教"与"学"的关系包含各种因素，这些因素之间的内在联系构成了学校法治教学的"教"与"学"关系的规律。在学校法治教学活动中，既有"教"也有"学"，在这一过程中，我们不能只重视"教"的方面或只重视"学"的方面，而应重视"教"与"学"之间的关系。学校法治教学实际上是人与人之间关系的体现，即在特定的时空中，人与人之间的关系集中体现为"教"与"学"的关系。"教"由教师完成，"学"由学生完成，而教学则是教师与学生共同完成的。在学校法治教学中，"教"与"学"的关系实际上就是教师与学生的关系。

在学校法治教学中，"教"与"学"的关系与其他社会关系不同，它专门围绕教学任务展开。如果失去了教学任务，师生之间的关系就不再是"教"与"学"的关系。同时，学校法治教学关系与其他学科的教学关系也有所不同，它具有特定的教学领域，即法治教学领域。学校法治教学的任务既包括传授法治知识，也包括培养法治技能，"教"与"学"的关系围绕这些任务展开，具体教学因素之间的联系构成了这些关系。

不同的教学观念、立场、价值取向、文化和传统会导致不同的学校法治教学关系。归根到底，学校法治教学关系是由社会生产关系决定的。在我国，人们在社会生产中是一种平等的关系，因此，学校法治教学关系也是一种平等的关系，即学生与老师之间是平等的。这种平等关系体现了学校法治教学关系的实质。在传统社会中，社会文化强调师道尊严，教师与学生之间界限分明、等级森严，是一种不平等的师生关系。在今天，不平等的师生关系在法律上是不存在的，但传统师生关系的影响在实际教学中并未完全消失，这是需要我们持续努力改善的地方。

学校法治教学中"教"与"学"的关系不仅体现在课堂教学中，还体现在课外活动和学生参加的社会实践教学活动中。师生关系贯穿于教学的全过程，体现在教学的每一个环节。例如，在教师的教学准备中，不同的师生观会形成不同的教学设计，有的偏重于"教"，有的偏重于"学"，有的则两者都重视。

在我国的学校法治教学中，"教"与"学"之间是平等、互助、合作的关系。平等意味着在人格上每个人都是平等的，教师和学生之间没有地位高低之分。在学校法治教学中，师生双方应相互尊重，教师关爱学生，学生尊重教师。互助是指在教学过程中，教师帮助学生，学生也帮助教师。合作是法治教师和学生为了完成共同任务而达成的默契，是"教"与"学"上的相互配合和协同。学生的法治学习需要教师的合作以提高效率，而学生对老师教学的合作不仅是完成教学任务的必要条件，也是对教师教学的肯定。

学校法治教学中"教"与"学"的关系是教学的基本关系，每一个法治教师只有认识和运用这个关系，才能有效地构建学校法治教学体系。

## 二、"教"与"学"关系包括的要素

### （一）平等法定

在学校法治教学中，"教"与"学"关系的平等，不是单纯理论上或文化传统上的平等，而是基于法律的平等关系。在我国，教师与学生之间存在法律上的平等，这种平等被称为平等法定。我国宪法规定，在法律面前人人平等。这种平等不仅指守法时的平等，也指违法时受到法律追究的平等，意味着没有人拥有超越法律的特权。平等法定涵盖了法律上的权利平等、义务平等、人格平等等多个方面。例如，每个人都有平等接受教育的权利，每个人的人格都应受到平等的尊重。从人格和法律的角度来看，学生与教师是平等的。在学校法治教学过程中，"教"与"学"的参与者，不存在歧视或优越感的问题，双方应相互尊重。

然而，法律上的平等并不意味着学生和教师之间没有差异。在知识储备方面，通常情况下，学生可能不如教师。但在当今社会，由于网络信息技术的高速发展，学生在某些领域的知识储备有时也可能超过教师。教师的社会经验和人生阅历通常比学生丰富，但这并不构成教师在学校法治教学中占据更优越地位的理由。

法定的平等并不否认事实上的不平等。一部分学生，在法治知识、技能的接受上比另一部分学生更快，在家庭环境、物质环境上比另一部分学生更优越，这是学校法治教学中事实上的不平等。这种不平等现象不仅存在于学校法治教学中，也存在于其他学科教学中；不仅存在于中小学教育中，也存在于高等教育中。这些现象并不否定学校法治教学中"教"与"学"关系中平等法定的重要性，反而突显了平等法定的必要性。只有坚信平等法定、理解平等法定，并广泛宣传平等法定，我们才能最大程度地减少学校法治教学中实际存在的不平等。

（二）目标一致

在学校法治教学过程中，"教"与"学"的目标应保持一致；教学双方目标若不一致，则不符合学校法治教学的实质，也可能影响教学效果。目标一致涵盖育人目标、完成教学任务以及知识、情感、价值观培养的一致性。学校法治教学的目标一致不仅是教学的内在要求，也是教学本质特征的体现。学校法治教学首先需要明确教学目标，这些目标必须是切实可行的，否则所谓的教学目标只是理想化的设想。学校法治教学目标由相应的课程标准规定，而非由个别组织或个人随意设定。目前，小学和初中的学校法治教学目标依据《义务教育道德与法治课程标准（2022年版）》设定，高中阶段的学校法治教学目标依据《普通高中思想政治课程标准》设定，大学阶段则依据政治理论课的相关规范性文件设定。

在教学过程中，法定的教学目标由法治教师来实现，具体讲，就是通过法治教师的每一节课的教学设计来实现。教师要把课程标准规定的教学目标具体化，将法定的课程目标与本校、本班、本节课学生的实际情况结合起来。教学目标的具体化，既要考虑老师的教学因素，也要考虑学生的学习因素，要尽可能使教师易教，使学生易学。

学校法治教学的目标一致构成了师生关系的基本要素。没有目标一致，师生之间的教学活动就无法顺利开展。换言之，"教"与"学"的目标一致是师生之间开展学校法治教学活动的纽带。这也意味着，在学校法治教学过程中，教师的教学和学生的学习都不能偏离学校法治教学目标。教师需及时纠正学生偏离学校法治教学目标的学习行为，循序渐进，逐步实现课程标准的要求。

（三）相辅相成

在学校法治教学过程中，师生关系相辅相成。相辅相成既是学校法治教学过程中"教"与"学"关系内涵的理论注脚，也是对法治教师和学生平等关系的实践说明。

在学校法治教学中，教师和学生共同构成教学的主体，形成了所谓的"双主体"结构。尽管两者都是主体，但他们在教学过程中扮演的角色不同：学生对学校法治教学过程具有决定性作用，而教师则发挥主导作用。这意味着学生是学校法治教学的核心，教学活动围绕学生的需求和进步展开，学生在一定程度上决定了教学的进程和成果；教师则负责组织、指导和协调教学活动。教师和学生都是学校法治教学中不可或缺的部分，学生的决定性作用与教师的主导作用相互依存，体现了师生之间的相辅相成。

学校法治教学关系是一种相辅相成的关系。这是由教学的性质决定的，教学是学生和老师的双边活动，不同于教师单独进行的社会生活和教学准备活动，也有别于学生单独进行的学习或课外活动。相辅相成体现了教学的一体性。在学校法治教学中，教师应认真教学，积极组织学生参与各类教学活动；学生则应主动探究问题，积极回应教师的提问，并在教师的指导下完成教学任务。学生遇到学习上的困难应主动向教师求助；教师在教学过程中应敏锐地发现教学问题，主动征求学生对教学的反馈。学校法治教学如同一首和谐的交响乐，需要教师和学生的共同努力和协作，才能演绎出美妙的教育乐章。

## 三、如何促进"教"与"学"关系的良性发展

在学校法治教学过程中，尊重"教"与"学"的关系意味着要认识到这种关系的客观性。无论我们是否承认，"教"与"学"的关系都在学校法治教学中发挥重要作用。在学校法治教学中，教师与学生的客观关系要求教师深入理解并关注学生，学生也应尊重并关注教师。学校法治教学中的平等关系是社会主义人际关系在教育领域的体现，但这种平等是相对的，不是绝对的。正如没有绝对平等的人际关系一样，"教"与"学"关系中的平等也是相对的。

学校法治教学中的关系规律既然存在，就可以被认识。最初，人们对师生关系的认识可能是无意识的，但随着学校法治教学的发展，人们逐渐意识到并开始研究这些规律。要正确认识学校法治教学中"教"与"学"的关系，必须以马克思主义的方法论为指导，将其放在具体的教学环境和社会背景下考察，实事求是地理解"教"与"学"的关系。

认识规律是为了更好地利用它们。在学校法治教学中，需要同时发挥教师和学生的积极性。如果只有教师的积极性而没有学生的，可能会导致传统的"满堂灌"或"填鸭式"教学，在这一过程中教师的主导作用过于突出，而学

生的主体性没有得到充分发挥。反之，如果只有学生的积极性而缺乏教师的引导，可能导致教学秩序混乱，教学目标偏离，教学效果不佳。学校法治教学实质上是正确处理教师与学生这两个主体之间的关系，需要双方的积极配合才能达到教学目的。

要正确处理学校法治教学中"教"与"学"的关系，必须勇于实践，仅仅在认识上、制度上、法律上厘清师生关系是不够的；最关键的是在学校法治教学实践中体现师生平等，这需要教师的实践教学智慧和学生的配合。这对师生双方都是一种考验，考验他们的法治意识、责任感。

要促进良好的"教"与"学"关系的形成，还必须进行理论创新。没有理论的进步，实践就难以突破。学校法治教学中"教"与"学"关系的利用需要理论创新，尤其是重大的理论创新。每一次教学理论上的创新都会带来教学观念的更新，为学校法治教学中"教"与"学"关系的理论阐释和实际应用提供新的活力。

# 第七章　学校法治教学评价

学校法治教学评价是学校法治教学研究的重要问题之一。有教学就有教学评价，没有教学评价，教学效果就难以评估。学校法治教学评价与学校法治教学相伴始终，有反思就有评价，有时评价本身就是反思。学校法治教学的效果就是在评价中不断提高的。学校法治教学评价是学校法治教学的指挥棒、引导者，它不仅关系到学校法治教学本身，还关系到法治教师的成长和学生的发展。学校法治教学评价研究主要关注学校法治教学评价的概念、类型以及方法。

## 第一节　什么是学校法治教学评价

教学评价是指按照一定的教学目标和教学原则，运用科学可行的评价方法，对教学过程和教学结果给予价值上的判断，以提供信息改进教学和对被评价对象做出某种资格证明。[①]

在现代社会背景下，学校法治教学评价基于一定的标准，对学校法治教学中的特定因素或整体进行分析，并得出教学结论。学校法治教学评价是现代学校法治教学的重要环节，正确的学校法治教学评价不仅有利于提高学校法治教学效果，而且能够节省教学资源，促进学校法治教学向更高阶段发展。

### 一、学校法治教学评价的内涵及作用

（一）学校法治教学评价的内涵

学校法治教学评价的内涵是一个多维度和多层次的概念，它涉及对教学活

---

① 李朝辉. 教学论［M］. 北京：清华大学出版社，2016：258.

动的质量、效果和影响进行系统的分析和判断。这一过程要求评价活动围绕预设的教学目标展开，确保教学活动达到既定目标，同时全面关注学生的学业成绩、能力发展、态度变化和价值观形成。评价不仅贯穿教学设计、实施、反馈和改进的整个过程，而且涉及多元评价主体，包括教师、学生、家长和教育管理者，他们从不同视角对教学活动进行评价。评价的目的在于促进教师的教学改进和学生的持续发展，提供反馈信息，帮助识别教学和学习中的优点与不足。

（二）学校法治教学评价的作用

学校法治教学评价的作用主要包括以下几个方面。

1. 提升教学效果

学校法治教学评价是学校法治教学活动不可分割的组成部分，它有助于提升教学效果。法治教师对学校法治教学评价的反思无论是基于法治教学的内容，还是基于法治教学的方法，都有利于提升学校法治教学效果。

2. 改进管理措施

管理部门对教师的学校法治教学活动进行评价，不仅可以用评价结论、改进管理措施、增强管理效果，而且可以用评价结果加强对法治教师的管理，提升教学效果。学校法治教学的管理作用对管理部门和法治教师都具有重要意义。

3. 激发师生积极性

通过学校法治教学评价可以对教师的学校法治教学和学生的法治学习做出评价，进而激发师生参与教学活动的积极性。公平合理的教学评价有利于进一步增强法治教师的教学信心和学生的学习信心，从而产生更多的正向教学效果。

4. 诊断教学问题

学校法治教学评价能揭示教学过程中存在的问题，帮助法治教师、教育管理者以及学生发现学校法治教学已经存在的问题和潜在的问题。发现教学过程中已经存在的问题是为了对学校法治教学进行针对性的"治疗"，而发现教学中潜在的问题，是为了做好学校法治教学的预判，促使学校法治教学向着健康的轨道发展。

## 二、学校法治教学评价的主体

### (一) 学校法治教学评价的主体具有多元性

学校法治教学评价的主体包括多方面的人员和机构,他们共同参与并执行评价活动,从不同视角对法治教学的质量、效果和影响进行综合评估。教师作为教学的直接实施者,不仅进行自我评价,还参与同行评审,以提升教学方法和效果。学生则从学习体验出发,评价教学活动是否满足其学习需求,并促进法治知识和技能的发展。学校教育管理者,包括校长和教务主任,负责监督教学活动是否达到教育目标和标准,确保教学资源的有效利用。教育行政部门如教育局和教育督导部门,通过制定评价标准和组织评估活动,对学校法治教学的整体质量进行监控。家长作为学生成长的合作者,提供教学活动家庭和社会支持度的视角。专业评价机构利用专业知识和工具进行客观、系统的评价。这些评价主体的多元参与,确保了学校法治教学评价的全面性和客观性。

### (二) 学校法治教学评价主体具有复杂性

学校法治教学评价主体具有复杂性,这一复杂性主要源于参与评价的主体的多样性,参与教学评价的教师、学生、家长、教育管理者、社区成员和专业评价机构等,他们各自持有不同的需求、期望和评价准则。这些主体的价值观念、利益相关性、专业知识与经验、文化和社会背景、角色与职责、评价目的以及动态变化性,都为评价过程增加了多维度和深度。例如,不同的价值观念和教育观念可能导致评价标准相互冲突或补充,而评价主体的专业知识和经验差异又可能影响他们对教学活动的理解和评价。同时,评价过程中权力和影响力的不均衡以及沟通和协作的挑战,也对评价结果的有效性和一致性构成影响。因此,理解并应对这些复杂性对于开展有效的学校法治教学评价至关重要。

### (三) 学校法治教学评价主体具有具体性

学校法治教学评价主体具有具体性。学校法治教学评价主体是生活在一定环境中的具体的人,因此,学校法治教学评价主体的评价结论也是具体的,针对的是具体的学校法治教学教师的教学活动和学生的学习活动。这种具体性意味着评价的局限性,即其对个人或事件的评价受到特定政治、经济和社会环境的影响。因此，我们不能抽象地看待学校法治教学评价，也不能将评价结论不加区分地应用于所有环境和情境。评价结论应当得到充分尊重和合理利用，同时需要结合具体情况进行具体分析。

（四）学校法治教学评价主体具有特殊性

学校法治教学评价主体具有特殊性。学校法治教学评价主体是富有特殊性的人，评价主体的特殊性主要表现在评价方式、思维模式、信息获取方式等方面。认识到评价主体的特殊性有助于被评价者理解教学评价结果，合理调整自身行为。

### 三、学校法治教学评价的对象

学校法治教学评价的核心目标是培养人，这一过程涉及多个构成要素：学生的法治学习是基础，教师法治教学是关键，学校法治教学管理是制度保障。这些方面相互依存，缺一不可，学校法治教学评价是一个整体评价。

（一）对学生法治学习的评价

对学生法治学习的评价是学校法治教学评价的重点。学校法治教学的评价最终要落实到提高学生的学习效果上。法治教学评价应涵盖学生的学习习惯、思维方式、运用法治知识分析和解决实际问题的能力，及学生的遵法、守法、护法行为。

（二）对教师法治教学的评价

对教师法治教学的评价是一个多维度的过程，它要求我们从教学效果、教学过程、教学理念和教学思想等多个角度来综合考量教师的教学表现，以确保评价的全面性和公正性。

对教师法治教学的评价不仅关注教师在课堂上的即时表现，还涉及教师如何实现教学目标、如何与学生互动以及如何通过教学活动促进学生的全面发展。教学评价的重点应放在对教学效果的评价上，这意味着要评估教师的教学是否有效地帮助学生掌握了法治知识和技能，是否提升了学生的法律意识和公民责任感。

同时，评价也应涵盖教学过程，这包括教师如何组织课堂活动、如何激发学生的兴趣和参与度、如何运用各种教学资源和方法来提高教学效果。教学过程的评价还涉及教师如何管理课堂，如何为学生创造一个安全、有序且富有启发性的学习环境。

（三）对学校法治教学管理的评价

法治教学活动的高效、有序开展离不开学校的法治教学管理，在进行学校法治教学评价时，我们必须重视以下几个关键方面：首先，要检查学校是否已经建立了专门的法治教学机构，这是确保法治教学得到系统化和专业化推进的基础。其次，需要评估学校是否已经安排了专职的法治教学管理人员，这些人员负责规划和执行法治教学活动，这对提升教学效果至关重要。此外，评价还应当考察学校是否已经实施了有效的法治教学管理措施，这些措施应当能够确保教学活动的顺利进行，并能够及时调整和优化教学策略。同时，还应当评估学校是否已经制定并不断完善法治教学管理制度，这些制度是规范教学行为、保障教学质量的基石。

## 第二节　学校法治教学评价的类型

当下，学者们对教学评价的模式化研究较为盛行，因为教学评价的模式化研究更具有系统性和整体性。[①] 例如，泰勒提出的以教学目标达成为核心的目标达成模式，斯塔弗尔比姆提出的 CIPP 评价模式，普罗沃斯提出的差别模式，斯太克提出的回应模式。这些理论对研究学校法治教学评价类型有重要启示。[②] 学校法治教学评价之所以存在，是因为它满足了学校法治教学的实际需要。研究学校法治教学评价的类型时，应基于学校法治教学的实际，确保评价具有可操作性，以满足教师、学生的实际需求。

### 一、第三人评价、自我评价和相互评价

按照学校法治教学主体的相互关系，可以将学校法治教学评价分为第三人评价、自我评价和相互评价。

---

[①] 裴娣娜. 教学论 [M]. 北京：教育科学出版社，2007：294.
[②] 裴娣娜. 教学论 [M]. 北京：教育科学出版社，2007：294-297.

## （一）第三人评价

第三人评价，即由外部人员进行的评价，由于其与学校法治教学活动无直接关联，通常能够提供更为客观的评价结果。然而，为了确保评价的专业性与有效性，从事此类评价工作的第三人必须具备相应的评价资质和专业知识。第三人评价的主要优势在于其独立性，这有助于保证评价的公正性。

第三人评价的主体可以是单独的个体，也可以是多人组成的专业团队。在多人参与评价时，评价结论通常以团队的名义发布，以体现集体智慧和共识。评价所依据的材料来源多样，既可以是现场观察和收集的数据，也可以通过调查问卷、访谈等方式从学校法治教学的参与者、教师或管理者那里获取。

为了确保评价的全面性和深入性，第三人评价应当综合运用多种评价方法和工具，包括但不限于课堂观察、学生学习成果分析、教学文档审查等。此外，评价过程中还应考虑到学校法治教学的具体情境、文化背景和教育目标，以确保评价结果的准确性和实用性。

## （二）自我评价

自我评价是教学参与主体在学校法治教学过程中对自己的行为和行为效果进行的评估。这种评价的最大优势在于它贯穿整个学习过程，并且不受时间、地点和评价方式的限制。从这个意义上说，自我评价是学校法治教学不可或缺的一部分。与相互评价和第三方评价不同，自我评价的主体与对象是同一人，而相互评价和第三方评价则涉及分离的评价主体和对象。自我评价不仅是一个评价过程，也是一个自我肯定和自我激励的过程。

## （三）相互评价

相互评价是学校法治教学活动中的一种评价方式，它涉及教师和学生之间的互动评价。这种评价覆盖了广泛的内容，包括评价对象的教学/学习方法、教学/学习成效、教学/学习过程等。相互评价的一个主要优势在于评价者本身也是教学活动的参与者，这使得评价的结果更易于被评价主体接受。然而，为了确保评价的有效性和公正性，评价者可能需要法治教师、教育管理者以及专业评价人员或机构在评价方法、技巧和知识方面提供指导和帮助。

## 二、参照性评价和标准性评价

根据教学评价标准的来源和性质，教学评价可以分为参照性评价和标准性评价。参照性评价通常是指将评价对象与某个特定的参照点或参照群体进行比较，以判断其相对水平或价值。这种评价方式有助于识别个体或集体在特定领域内的表现与同类最佳实践之间的差距。标准性评价是基于一组预设的标准或准则来进行评价，这些标准通常是为了衡量评价对象是否达到了既定的要求或目标。在这种评价方式中，评价对象的表现将与一系列客观标准进行对比，以确定其符合度。

这两种评价方法各有优势，选择使用哪种评价方式取决于评价的目的、评价对象的特点以及评价的具体内容。在实际应用中，它们可以相互补充，共同为评价提供更全面的视角。

### （一）参照性评价

在学校法治教学过程中，参照性评价是指对个体在群体中取得的教学成效进行定位的评价方式。这种评价既涉及对法治教师的教学成效的比较，也涉及对学生学习成效的比较。

对学生的参照性评价旨在确定学生在学校法治教学中的相对位置，这可能涉及班级、年级或更广泛的范围内的比较。学生的参照性评价属于相对评价的范畴，它要求我们首先了解评价范围内的学生总数，并明确评价的标准。这些标准可能包括法治知识的掌握程度、理论在现实生活中的应用能力，以及处理个人和社会生活问题的法治技能等。在实际操作中，通常会以班级中的某些学生为参照点，通过比较来确定每个学生在班级中的相对位置。参照性评价是学校法治教学中广泛应用的一种评价方式，它有助于根据学生的实际情况设定合理的评价标准，并便于实施。

对法治教师的参照性评价则是为了评定教师的教学效果在同行中的位置。这种评价有助于根据本地法治教师的实际教学水平来开展工作，具有很强的针对性和适用性。选择合适的参照教师是进行评价的关键。如果选择的参照标准过高或过低，都可能无法有效促进教师教学水平的提升。教师的参照性评价应当有利于其职业成长，并引导教师正确认识自己的教学状态。

## （二）标准性评价

标准性评价涉及对学生和教师的评价，通常基于既定的课程标准。

对学生的标准性评价一般依据课程标准进行，包括平时的测验、期中和期末考试。法治教师需要深入理解课程标准，设计高质量的试题，并在考试、阅卷、成绩统计等环节保持严谨、科学和规范的操作。这种评价的目的在于揭示学生学习成果与课程标准之间的差异，帮助学生了解自己的学习状况，并指导他们改进学习方法。这样的评价不仅有助于学生了解自己的学习效果，也能帮助教师评估教学成效，进而提升教学水平。

对法治教师的标准性评价通常由学校或教育行政部门根据国家教育要求实施，采用考试、考核、访谈、座谈等多种方式进行，以形成全面的评价结论。这种评价应追求客观性和公正性，不应仅仅依赖于单一的考试结果。评价内容应全面覆盖教师的法治知识水平、实际应用能力、教学技巧、职业道德等方面。法治教师的标准性评价还应当反映国家法律和政策的导向作用，将国家和社会的法治要求融入教师的专业成长中，并构建科学的教师职业发展体系。

## 三、诊断性评价、发展性评价和总结性评价

学校法治教学评价可以根据其性质和作用分为诊断性评价、发展性评价和总结性评价。这三种评价方法不仅适用于学生，也适用于教师。

诊断性评价主要用于识别学生或教师在法治教学过程中的强项和弱点，以便及时调整学习计划或教学策略。发展性评价侧重于促进学生和教师的成长和发展，通过持续的反馈和支持，鼓励他们不断进步和提高。总结性评价则在教学活动结束后进行，旨在评估学生和教师在一定时期内的整体表现和成就，为未来的学习和教学提供总结和反思。这些评价方式相互补充，共同构成了一个全面的学校法治教学评价体系，旨在提高教学和学习的质量。

### （一）诊断性评价

对学生的诊断性评价着重于识别学生在法治学习过程中遇到的难题。这种评价的目的在于揭示学生在知识掌握、能力发展和实际应用方面存在的具体问题。它不仅要诊断出问题的表现，还要深入分析问题的根源，从而制定有效的干预措施。诊断性评价可以通过多种方式实施，包括书面测试、口头测试、访谈、问卷调查、个别谈话以及小组讨论等。尤为重要的是，要倾听学生自己对

于法治学习中所面临问题的看法和感受。

对教师的诊断性评价是一种专业发展工具，旨在通过系统的方法识别教师在教学实践中的优势和需要改进的领域。这种评价通常由学校管理层、同行或专业发展专家进行，以确保评价的客观性和实用性。诊断性评价的目的是帮助教师提升教学质量，满足学生学习需求，并促进教师个人职业成长。

（二）发展性评价

对学生的发展性评价着重于促进学生的持续成长和进步，而不仅仅是对学生当前学习成果的判断。这种评价方式旨在激励和指导学生，帮助他们认识到自己的学习潜能，明确发展目标，并积极参与到自我提升的过程中。发展性评价可以帮助教师根据学生的兴趣、能力和学习需求，制定个性化的学习计划，以促进其全面发展；提供及时、具体的反馈，帮助学生理解自己的学习进展和需要改进的地方；鼓励学生进行自我评价，培养他们的自我反思能力和自主学习能力；通过同伴之间的互评，促进学生相互学习，提高批判性思维和社交技能。发展性评价强调评价是一个持续的过程，目的是促进学生的全面发展，而不仅仅是为了评定成绩。通过这种评价，学生可以更好地了解自己的学习状况，明确未来的学习方向，同时教师也能更有效地支持每个学生的个性化学习需求。

对教师的发展性评价旨在通过持续的反馈和支持，促进教师的教学实践和职业成长。这种评价方式超越了传统的绩效评估，更多地关注教师个人的教学风格、学生学习成效以及教师自我提升的潜力。发展性评价的评价内容和方法根据教师的个人需求、教学环境和学生群体的特点进行定制，提供定期的、建设性的反馈，帮助教师识别自己的优势和应改进领域，鼓励教师进行自我评估和反思，以促进自我意识和自主专业发展。发展性评价的最终目的是帮助教师实现其教学潜力，提高教学质量，从而促进学生学习成果的提升。

（三）总结性评价

对学生法治学习的总结性评价和对教师法治教学的总结性评价是教学评价体系中的重要组成部分，它们对于提升教学质量和促进学生全面发展具有重要意义。

对学生法治学习的总结性评价通常在学期或学年结束时进行，旨在全面评估学生在法治课程学习中的成就和进步。这种评价不仅关注学生的知识点掌握情况，还包括他们的法律意识、道德判断能力以及在实际情境中运用法律知识的能力。评价方式可能包括期末考试、课程项目、口头报告、小组讨论等多种形式，以确保评价的全面性和多样性。通过这种评价，教师可以了解学生的学习情况，学生也可以反思自己的学习过程，明确今后学习的方向和目标。

对教师法治教学的总结性评价则侧重于评估教师在教学过程中的表现和教学效果。这种评价通常由教育管理者、同行、专业评价人员或机构进行，包括对教师的教学计划、教学方法、课堂管理、学生参与度以及教学资源的有效利用等方面的评估。评价过程中，教师的教学目标达成情况、学生的学业成果和课堂氛围等都是重要的考量因素。此外，教师的专业发展、自我反思能力和对学生学习需求的响应也是评价的重要内容。通过这种评价，学校可以为教师提供反馈和支持，帮助他们改进教学实践，提升教学质量。

总结性评价的结果应用于指导未来的教学和学习活动，促进教育目标的实现。总结性评价有助于建立一个持续改进的教育环境，鼓励教师和学生不断追求卓越。

## 第三节 怎样进行学校法治教学评价

### 一、学校法治教学评价的指导思想

学校法治教学评价的导向功能是通过评价的指导思想赋予的，而非评价本身所固有。如果学校法治教学评价的指导思想混乱，不仅无法提高教学质量，还可能引发学习者对国家法治的信任危机，导致法治信仰的逐渐坍塌。因此，重视和研究学校法治教学评价的指导思想对于完善评价理论和实践具有重要意义。

在我国，马克思主义是各项工作的指导思想，学校法治教学评价也不例外。马克思主义的立场、观点和方法对学校法治教学评价具有重要的指导价值，评价工作者需要深入学习和贯彻。当前，学校法治教学评价应以马克思主义中国化的最新成果为指导，紧密结合我国实际，以解决现实问题为中心，得出科学的结论。这对于我国学校法治教学事业的发展、依法治国、建设法治国家以及培养高素质法治人才都具有重要意义。

在学校法治教学评价中，应贯彻马克思主义的指导思想，具体如下。

## （一）坚持客观性

马克思主义强调实事求是，学校法治教学评价应客观地评价教学活动和教学对象，避免主观臆测，确保评价基于事实和真实数据。

## （二）坚持历史性

评价学校法治教学活动和个体时应采取历史视角，历史地分析问题，考察个体法治知识的掌握和能力的形成过程，探究影响个体法治信仰形成的各种因素。

## （三）坚持辩证性

辩证地评价学校法治教学活动的效果，认识到一切效果都是相对的，树立正确的输赢观，辩证地看待教学效果。

## （四）坚持全面性

评价应多层面、全面地考虑教学对象，如法治学习者的知识、能力、情感、价值观等。

## （五）坚持具体性

学校法治教学的评价应针对具体的教学活动、教师、学生、教学管理、教学制度等开展，评价方法的选择应因人、因时、因环境、因条件而异。

总之，学校法治教学评价应从具体的评价对象的实际情况出发，这是马克思主义者应有的态度和立场。

## 二、学校法治教学评价的原则

学校法治教学评价的原则是学校法治教学评价指导思想的具体化，它们为评价活动提供了具体的规定。不遵循这些原则，学校法治教学评价可能无法顺利进行。一般而言，学校法治教学评价应遵循以下原则。

### （一）有效性原则

在学校法治教学评价中，无论是对教学活动还是对教师、学生的评价，都应坚持有效性原则。有效性意味着评价应具有实际的效益，能够促进教学活动效能的提升，提高学生的法治素养和教师的教学技能。评价应当注重实际效果，避免形式主义；同时，评价方法的选择应确保其对评价过程有用，能够产生实际效果，而不仅仅是追求形式上的完善。

为了贯彻有效原则，首先需要明确评价的目的。评价目的应当清晰，无论是为了个人发展、制度完善还是管理优化，评价的最终目的都是为了人的发展，而非评价本身。在评价过程中，应深入了解被评价者的需求、期望、生活状况和对幸福的理解，以确保评价目的的明确性。同时，要考虑评价的具体对象，对评价对象的各个指标进行细化，确保评价的针对性和有效性。

（二）以人为本原则

学校法治教学评价的核心应当是人而非物，这一理念是现代学校法治教学评价与传统评价的显著区别。在传统的学校法治教学评价中，评价过程可能忽视了教学活动背后的人，忘记了学校法治教学本质上是人的活动，这导致评价可能走向异化的道路，甚至变成压迫人的手段，这显然与学校法治教学评价制度的初衷相违背。

学校法治教学评价的价值取向应当是为了人的发展和幸福。学校法治教学评价本身应该是一个愉悦的过程，即使评价结果与预期有较大差异，我们对评价的态度也应保持积极。学校法治教学评价的目的不是压抑人性，而是促进人性的发展，不是为了压制或扼杀个性，而是为了促进个性的健康成长。

（三）面向未来的原则

学校法治教学评价是学校法治教学活动中不可或缺的组成部分。教学活动不仅反映了现实的利益诉求，从本质上看，它还具有未来性。这意味着，学校法治教学评价是面向未来社会和未来人的评价。尽管未来社会和未来人的确切情境无法被精确预见，但未来的趋势是可以预测的。学校法治教学评价应当引导人们面向未来，用当下的评价激励人们为未来世界的发展做准备。

在未来社会中，人们的自由发展程度、物质财富和社会精神境界预计将比现在更高。特别是，人们对法治素养和社会治理能力的需求将与现在有所不同。因此，培养法治人才需要有预见性。学校法治教学是面向未来的教学，学校法治教学评价也是面向未来的评价，我们需要从现在开始培养未来社会所需的法治人才。

学校法治教学评价的面向未来与立足现实是相辅相成的。没有坚实的现实基础，学校法治教学面向未来的追求将无法实现。

## 三、学校法治教学评价的具体方法

### (一) 书面测评法

书面测评法是指通过发放书面问卷,由被评价者在规定的时间内回答测试问题,然后评价者根据回答进行统计、分析,从而得出学校法治教学评价结论的方法。书面测评法是学校法治教学评价中使用最广泛且较为可靠的教学评价方法之一。

书面测评法要求根据学校法治教学评价的指导思想和原则,设计科学合理的问卷。接着,将问卷发放给被评价者,要求他们在没有任何干扰的情况下独立回答问卷问题。之后,按照一定的程序回收书面测评问卷,这一过程应加强监督,严禁弄虚作假。最后,由专业人员对问卷进行统计分析,并在综合研究后得出结论。书面测评法的实施应根据具体情况灵活掌握,既要保证严格性,也要确保符合实际需要。

### (二) 调查测评法

调查测评法是评估学校法治教学活动实效性的一种方法,它包括直接走访法治教师、学生、教育管理者、家长及相关社会人员。通过这些走访,可以直接收集有关学校法治教学情况的数据,从而全面了解教学活动的实际情况。除了直接走访,调查方式还可以包括召开座谈会,进行书面咨询、口头咨询、电话咨询,以及通过QQ、微信、短信、网络问卷等形式进行咨询。任何能够与被评价者进行无障碍、自由、宽松沟通的方式都可以视为调查测评法的一部分。

调查可以是一次性的,也可以是多次进行的,以便通过反复核实数据和材料来提高评价的准确性和可靠性。调查测评法的关键步骤在于对收集到的数据和材料进行整理和提炼。

### (三) 观察测评法

观察测评法是指在不直接介入需要测评的学校法治教学活动或对象的情况下,由观察者从外部观察学校法治教学现象,进行记录,并对观察所得的资料进行分析,以得出学校法治教学的评价结论。

观察测评法的优势在于它不需要被评价者的配合,评价者可以自由地对被评价者进行观察并做出判断，这种方法具有操作便捷、成本低廉的特点。根据被评价者的要求，观察测评法得出的测评结论可以选择告知或不告知对方。

观察测评法要求观察者能够深入分析观察到的现象，认识到所见所闻可能并不完全代表实际情况，需要运用科学的思维方法来得出准确的结论。

（四）情境投射法

情境投射法要求评价者通过特定方式进入特定的教学情境，并通过亲身体验和感悟来得出对学校法治教学的评价结论。这种方法允许评价者设身处地地考虑问题，例如，将自己想象成法治教师或学生，从第一人称的角度评价教学或学习效果。情境投射法有助于使评价更贴近学校法治教学的实际情况，避免评价脱离实际。

情境投射法强调评价的多样性，并提醒我们在对待评价结论时，应以促进人的成长和幸福为根本目标。情境的设计对于情境投射法至关重要，评价者可以通过直接参与、科技手段或高度模拟的方式进入学校法治教学情境。

（五）人工智能测评

人工智能技术的发展为学校法治教学评价带来了新的机遇。运用人工智能手段不仅可以提高评价的效率，还能实现对教学过程的动态监控，并及时提供评价结论。

人工智能测评的优势在于，它能在很大程度上减少人为干扰和主观性，从而提高评价的可靠性和信度。然而，目前人工智能在学校法治教学评价中的应用面临一些挑战，包括研究开发不足、资金投入不足、相关制度不健全以及物质技术支撑不足等问题。

学校法治教学评价手段的多样性要求我们既要继承传统的评价方法，又要大力创新。要根据学校法治教学的实际需要、人的发展需要，尤其是依法治国的需要，加强研究，努力实践，通过学校法治教学评价，提升学校法治教学的实效性。

# 第八章　学校法治教学方法

学校法治教学方法的含义、特征、构成以及发展趋势等，构成了学校法治教学方法研究的核心内容。研究学校法治教学方法时，我们可以从哲学、学科和课堂教学等多个视角进行。

## 第一节　学校法治教学方法概述

### 一、学校法治教学方法的概念和特征

（一）学校法治教学方法的概念

学校法治教学方法是指为实现学校法治教学目标所采取的路径、程序和手段。一旦学校法治教学的具体目标确定，就需要选择正确的方法。好的学校法治教学方法能达到事半功倍的效果，而不当的学校法治教学方法不仅会浪费宝贵的学校法治教学资源，还会降低学校法治教学效果，甚至会导致学校法治教学无效。

关于学校法治教学方法，不同学者有不同的理解。夸美纽斯认为，教学法的含义是教学的艺术，[①] 艺术是生动、毫不枯燥的，但并不是放任自流。赫尔巴特指出，把人交给自然，或者甚至把人引向自然并让自然来训练，那是愚蠢的。[②] 此外，法治教学方法是一个不断发展的过程，而现代教学的形成和发展，是和现代社会、现代教育的形成和发展紧密相连的，[③] 法治教学方法强调

---

[①] 夸美纽斯. 大教学论　教学法解析 [M]. 任钟印, 译. 北京：人民教育出版社, 2017：7.
[②] 赫尔巴特. 普通教育学 [M]. 李其龙, 译. 北京：人民教育出版社, 2015：54.
[③] 黄济, 王策三. 现代教育论 [M]. 北京：人民教育出版社, 1996：358.

从实践中建构,侧重于学生对教学过程的亲身参与,强调个人知识的获得,建构每个学生自己的意义世界。①

## (二) 学校法治教学方法的特征

理解法治教学方法的特征,可以从以下方面考虑。

1. 简明性

学校法治教学方法应简单明了,便于教师和学生理解和掌握。如果方法过于复杂,可能无法有效传授知识。简明性要求教学方法在语言表述上直白,易于理解,无需复杂的逻辑推理,应适合所有学生轻松掌握。这种简明性是基于对学校法治教学实践的深入理解和经验总结。

2. 效益性

学校法治教学方法的运用应显著提高教学效果,产生良好的教学效益。这里的效益最终指向育人效果,即学校法治教学方法在增强学生的法治素养方面所取得的实际效果。

3. 体验性

在学校法治教学中,学生应能对教学内容和方法本身产生积极的情感体验。好的教学方法应使教师和学生享受教学过程,让学生在轻松的环境中自然吸收法治知识和技能。同时,也应注意,某些情况下,如想要纠正错误行为,可能需要使用一些会引起负面情绪体验的方法,这些也是学校法治教学中不可或缺的部分。

4. 过程性

学校法治教学方法包含一系列连续的步骤,如准备、开始、发展、结束、反思和提高等,这些步骤构成了教学的完整过程。一个完整的教学方法不是单一的平面活动,而是具有立体性。

5. 指向性

学校法治教学方法的存在并非为了方法本身,而是为了实现特定的教学目标。教学方法应服务于特定的教学内容、对象和目标,不存在孤立的教学方法。

6. 具体性

学校法治教学方法的应用会受到教师、学生、教学环境和条件的影响,因

---

① 裴娣娜. 现代教学论基础 [M]. 北京:人民教育出版社,2015:69.

此，教学方法的使用在不同情境下会有所不同。这就是说，学校法治教学方法必须是具体的，不存在抽象且普遍适用的单一方法。

## 二、学校法治教学方法与其他学科教学方法的关系

### （一）学校法治教学方法与其他学科教学方法的共性

学校法治教学方法与其他学科的教学方法一样，属于分科教学法的范畴，并且是普通教学法的一部分。普通教学法主要研究教学的一般规律，包括教学目的、任务、原则、方法、内容、效果和评价等。分科教学法专注于研究某一门具体学科的教学方法，而学校法治教学方法专注于研究学校法治教学的特定方法，它涉及学校法治教学的本质、原则、过程和内容等。因此，学校法治教学方法既体现了它与其他学科教学方法的共性，也因其研究对象的特殊性而具有特性。

为了深入理解学校法治教学方法的特性，我们首先需要考察它与其他学科教学方法的共性。

1. 信任学生是一切教学的前提

在学校法治教学中，教师必须以学生为中心，相信他们有能力掌握知识。信任学生意味着将他们视为不断发展的个体，认为他们在学习过程中的得失都是成长的重要部分。教师和教学管理者的核心任务是妥善处理学生的成就和错误，帮助他们建立成长的信心。

2. 调动学生学习的积极性

所有的学科教学方法都应努力激发学生的学习积极性。真正的学习积极性建立在学生对学习内容价值的认识和与自身成长的联系上。

3. 有利于提升教学活动参与者的幸福感

现代教学方法的共同点是为教师和学生提供愉快的体验，同时注重知识的传递和技能的培养。

4. 学科教学方法的教学实效性高

现代各科教学由于采用了新的科技成果，通常比传统教学更有效，使学生能更快、更好地学习，减少资源浪费。

5. 科技和人文并重，教学方法更加包容

随着现代科技的不断进步，尤其是人工智能的发展，教学方法越来越包

容。科技和人文的平衡是现代教学方法的一个重要特点。任何科技因素如果没有人的灵魂、思想和精神，都会失去其光辉。因此，教学方法需要摆正科技和人文的位置，确保教学改革能够适应科技发展带来的新问题。

（二）学校法治教学方法的特性

学校法治教学方法除了有其他各科教学法的共性外，也有自己独特的特性，这种特性体现了学校法治教学方法与其他各科教学方法的不同。

1. 学校法治教学方法研究的对象特殊

学校法治教学方法专注于研究法治教学领域内的特殊矛盾。尽管学校法治教学可能采用与其他学科教学相同的一些方法，但这些方法所要解决的具体问题和指向的具体对象存在差异。学校法治教学方法旨在完成特定的任务和实现明确的目标，这与其他学科教学有所不同。因此，深入研究学校法治教学方法的特殊规律至关重要。特殊规律指的是学校法治教学方法内部各要素之间本质的、内在的、必然的联系。只有深入理解这些特殊规律，我们才能深化对学校法治教学方法的认识，并完善学校法治教学方法论。

2. 学校法治教学教学手段特殊

学校法治教学方法的特殊性体现在其独有的教学手段上。例如，模拟法庭是一种独特的学校法治教学方法，它使学生能够直观地了解法律规定的审判程序，从而更容易掌握学校法治教学内容。目前，对学校法治教学特殊方法的研究尚不充分，需要我们认清现状，积极参与中国特色社会主义法治教学的实践，了解法治建设的需求，关注人民对法治素养日益增长的需求，总结更多有效的学校法治教学方法，以提高学校法治教学的实效性。

3. 学校法治教学方法更有创新性

要提高学生的法治思维和确立社会主义法治信仰，需要我们创新学校法治教学方法，不断深化对现有方法的理解，拓宽法治教学方法研究的领域。特别是，我们需要创新学校法治教学方法的种类，将创新根植于中国特有的文化传统和当代法治建设实践之中。只有在学校法治教学方法上不断取得突破，我们才能培养出具有法治精神的人才。

## 三、学校法治教学方法的发展趋势

随着政治、经济、文化、科技、社会等领域的发展，尤其是我国法治建设的进步和教育教学改革的深入，学校法治教学方法正呈现出明显的发展趋势。把握这些趋势对于主动推进学校法治教学、培养高素质法治人才至关重要。

### （一）从灌输式向自觉式转变

学校法治教学方法正从灌输式向自觉式转变。传统的学校法治教学方法往往采用灌输式教学，将教学对象视为被动接受知识的"容器"。这种方法机械地训练法治技能，不鼓励甚至抑制学生对法治内容的质疑。然而，随着社会主义市场经济的发展和民众民主意识的增强，个体的价值逐渐被重视。学校法治教学对象开始意识到自己的主体性，更加主动地学习、探究和创新法治知识。社会环境和教学制度也越来越支持这种自觉的学习方式。

### （二）从单一向多元转变

学校法治教学方法正从单一向多元转变。传统的学校法治教学主要依赖于课堂教学，但现代学校法治教学方法趋向于多元化。除了课堂学习，还有课外活动、社会生活实践和家庭教育等多种形式。学习途径也从线下扩展到线上，从他人讲授到自学自悟。学校法治教学方法的多样化已成为现代社会的一种趋势，这反映了教学观念从局限于学校课堂向更广阔领域的转变。

### （三）从保守向更加开放转变

学校法治教学方法正呈现出从保守向更加开放转变的趋势。开放性的教学方法意味着教学方法更加民主和人性化，这与传统的保守、封闭的教学方法形成对比，后者往往限制了法治思想的形成和建立。现代开放的学校法治教学方法，更能满足个人发展和社会需求。这种开放性对于法治教育工作者、学生来说尤为重要。

### （四）从被动学习向互动学习转变

学校法治教学方法也正从被动学习向互动学习转变。传统的被动教学方法忽视了学生的主动性，导致学习效率不高。相比之下，互动式教学方法基于师生平等的法律地位，鼓励双方共同探究法治知识。学校法治教学的互动体现在教师与学生之间的相互帮助、激励和进步，如讨论、共同探究、对话和问答等。这种互动是心与心的交流，代表了教学中人性的回归。

### （五）从侧重抽象概念向侧重实践转变

学校法治教学方法从侧重抽象概念向侧重实践转变。侧重实践的教学方法意味着将法治学习与社会实践紧密结合。所有理论、知识和思想都源自实践，学校法治教学也应如此。通过将法治教学与学生日常生活联系起来，有助于学生理解法治规则和理论，逐步建立起法治信仰。学校法治教学应将知识和理论与学生的实际生活紧密结合，让学生在生活实践中获得法治知识和技能。

### （六）从必然性向自然性转变

学校法治教学方法从必然性向自然性转变。自然的教学境界是指教学与学习过程流畅自然，达到"不教而教，不学而学"的境界。这种境界虽因人而异，但通常意味着教学方法与教学内容高度契合，学习者能体验到法治学习的乐趣，并实现法治与社会的和谐。掌握教学规律后，教师能更自由地进行教学，逐步达到个性化、人性化、社会化、现代化和智能化的教学境界。

综上所述，学校法治教学方法的发展呈现出一种综合趋势，包括从灌输到自觉、从单一到多元、从保守到开放、从被动到互动、从抽象到实践、从必然到自然。这些趋势是从不同角度对学校法治教学方法发展所做的解读。学校法治教学方法的创新是这些发展趋势综合作用的结果。深入研究这些趋势，有助于把握学校法治教学方法研究的前沿，提高学校法治教学的实效性，以跟上依法治国的时代步伐。

## 第二节　学校法治教学方法的构成

学校法治教学方法的构成指的是学校法治教学方法的结构层次，包括宏观方法、中观方法和微观方法。在日常的学校法治教学实践中，人们往往只关注微观方法，即具体的教学手段。然而，在学校法治教学方法的构成中，宏观的教学方法实际上对中观的教学方法具有决定性作用，而中观的教学方法又决定了微观的教学方法。如果学校的宏观教学方法存在错误，那么中观和微观的教学方法也可能会偏离正确轨道。

学校法治教学方法的构成还涉及如何根据学校法治教学的核心价值取向来确定相应的方法论，以及这些方法论如何进一步指导具体的教学手段。这意味着，教学方法的选择和实施应与教育的核心价值取向和目标相一致，确保教学

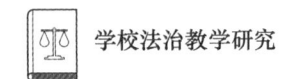

活动能够有效地促进学生的法治意识和法律素养的培养。

## 一、哲学层面的学校法治教学方法

哲学是研究世界观的学问，探讨人对世界的根本看法。如果世界观不正确，方法论也必然出现偏差。因此，学校法治教学方法的研究，离不开哲学层面的研究。朴素唯物主义和机械唯物主义在形成正确的方法论和具体方法上存在局限。只有辩证唯物主义和历史唯物主义的世界观，即马克思主义哲学，才能为我们提供正确的方法论。

马克思主义哲学既是无产阶级的世界观，同时又是方法论，它构成了学校法治教学方法论的哲学基础。研究学校法治教学方法的哲学层面，意味着坚持世界观和方法论的统一。然而，对马克思主义哲学的理解要注意，马克思的整个世界观不是教义，而是方法。我们应全面理解马克思主义哲学，学习马克思主义哲学的立场、观点和方法，用马克思主义哲学来分析学校法治教学的方法，指导学校法治教学方法在教学过程中的具体运用。

在学校法治教学中，我们应从学生和教师的实际出发，了解他们的具体情况，选择适合的学校法治教学方法。这包括考虑学生已有的法治知识结构、实践经验，以及与学习法治知识密切相关的因素，如家庭法治意识、学校法治环境等。同时，也要了解法治教师的专业知识、教学能力和职业道德。学校法治教学方法必须建立在对实际情况的深入了解之上。

理论联系实际是学校法治教学方法研究的核心。学校法治教学方法的理论知识必须与学校法治教学的实际情况联系起来，避免陷入教条主义。再好的学校法治教学方法，如果脱离学校法治教学实际，是没有意义的。也就是说，要把一切学校法治教学方法建立在实际的学校法治教学情况基础上，要唯实，不唯书、不唯上。

中国在历史上长期以农业为主，但随着工业化和现代化的快速发展，法治建设也在不断进步。在这样的背景下进行学校法治教学，面临的挑战之一是有效的教学方法的探索和应用。在开展学校法治教学时，应多采用体验和感悟式的教学方法，帮助学生认识到自身与现代法治标准之间的差距，从而提高学校法治教学的实效性。

学校法治教学方法的有效性需要具体问题具体分析，因人而异、因事而异、因时而异，避免"一刀切"的做法。我们不应盲目迷信任何单一的学校法治教学方法，也不能不区分具体情况地应用和推广所谓的先进教学方法。需要具体分析学校法治教学的目标、要求，以及现实的学校法治教学因素，尤其是学生的适应情况和法治教师对教学方法的掌握与应用情况。

从马克思主义哲学层面来看，宏观的学校法治教学方法具有重要的教学价值，关系到学校法治教学方法研究和实践的正确性。我们应该消除对各种所谓权威学校法治教学方法的迷信，大胆吸收和运用人类历史上的一切先进方法成果。如果没有宏观哲学层面的指导，学校法治教学方法的研究和实践可能会迷失方向，难以在方法研究和实践上达到哲学高度，也难以打通各种方法之间的联系，实现运用自如。

简言之，哲学层面的学校法治教学方法是一种实事求是的方法。在具体的教学中，应根据实际情况选择和应用有效的教学方法。方法之间没有明确的界限，因此，哲学层面的学校法治教学方法也是一种整体性的教学方法。

## 二、学科层面的学校法治教学方法

当我们讨论学科层面的学校法治教学方法时，我们指的是介于宏观哲学层面和微观课堂教学层面之间的中观方法。广义上的学校法治教学不仅包括课堂教学，还涵盖其他形式的教学活动；而狭义上的学校法治教学则专指课堂教学。作为一门学科，学校法治教学所采用的方法可以从多种角度进行分析和理解，不同的人可能会有不同的见解。

在学校法治学科中，教学方法可以根据其适当性和易掌握性被划分为不同的类别，主要包括理论教学方法和实践教学方法。这种分类有助于教师根据教学目标和学生需求选择最合适的教学策略，以提高教学效果。

### （一）理论教学方法

理论教学方法是专门用于学校法治教学中理论内容的教学手段。法治理论的学习、讲授和理解过程，都属于理论教学方法的范畴。理论教学具有抽象性、严谨性、准确性和完整性。理论教学方法的成功实施，建立在对理论的深入、准确理解和掌握的基础之上。如果法治教师对所教授的法治理论理解不准确，那么采用任何教学手段都难以达到预期的教学效果。理论教学方法的核心在于促进理解，关键在于激发学习者的积极性，并为学习者准确理解理论创造条件。不同的学习者理解理论的路径不必强求统一。

理论教学方法要重视理论学习。法治教师应充分重视基本知识、概念和原理的学习，并能够准确理解理论的语言文字表述。虽然理论教学方法着重于理论，但并未忽视实践教学方法的重要性。理论源于实践，没有法治实践的支撑，法治理论将失去其存在的意义。理论教学方法要求教师要理清理论，并对理论进行分析，明确理论各个组成部分以及各个要素之间的内在联系。

理论教学方法依靠语言文字来体现。无论什么教学方法，都离不开语言文字，语言文字不仅是学校法治教学方法表述的载体，而且是学校法治教学方法运用的载体。因此，在学校法治教学中，法治教师的语言文字能力在较大程度上决定了理论教学方法的效果。这表明，法治教师需要不断提升自己的语言文字修养，这对于完成学校法治教学任务和有效运用理论教学方法至关重要。我们常说，运用理论教学方法的真正技巧往往在教学内容之外，即"功夫在诗外"。

理论教学方法的核心是培养人的思维能力。理论思维能力的高低直接影响理论教学方法的实施效果。如果学生难以理解或掌握某些法治理论，这通常是因为教师在运用理论教学方法时自身的理论水平不足。理论教学需要严密的逻辑论证，因此，培养法治教师的逻辑思维能力至关重要，这包括学习形式逻辑和深化对逻辑学的理解，从而提升自身的理论水平。

理论教学要与时代联系起来。虽然教学方法本身可能没有特定的时代属性，但教学内容，特别是学校法治教学内容，具有鲜明的时代特征。在进行法治理论教学时，教师需要明确理论的时代价值，并深入解释中国特色社会主义法治理论。中国特色社会主义法治理论代表了我们这个时代法治实践的成果。在法治理论教学中，如果不与中国特色社会主义法治理论紧密结合，那么这些教学就可能失去其现实意义。

（二）实践教学方法

与学校法治教学的理论教学方法相对应的是实践教学方法。实践教学方法是学校法治教学的重要组成部分，从"理论来源于实践"这一角度来看，学校法治教学的实践教学方法是根本性的教学方法。因为，所有理论问题都在实践中得到应用和验证。

学校法治教学的实践教学方法要求学习者积极参与法治实践活动，通过实践来消化和吸收法治理论，运用和创新法治知识，从而提升法治能力和技巧。实践教学方法的具体实施手段包括实习、见习，亲自完成法治任务，以及在社会生活中体验法治原则，在现实案例中理解法律等。

法治教师在运用实践教学方法时，要明确实践的具体目标，并考虑其在现有实践条件下的可行性。学校法治教学的实践领域众多，包括经济生活、社会生活、文化生活、政治生活等。教师应做好实践的组织安排，制定详细周密的计划，精心设计教学方案，并协调实践教学中的各种矛盾，建立有效的矛盾解决机制。此外，教师还要充分调动各参与者的积极性，包括法治教师自身、学校法治教学对象，以及学校法治教学的管理者、法治实践的制度设计者等，以促进学校法治教学实践的顺利进行。

及时总结法治实践教学的成果至关重要。教师应认真总结实践教学中产生的各种成果，无论大小，并通过总结来改进教学效果，提升教学质量，培养法治人才。同时，也应正视实践中的失败，从中吸取教训，不断优化教学方法。

学校法治教学实践教学方法的总结不仅包括对实践教学方法取得成果的回顾，还应涵盖对实践教学方法本身的深入分析，包括实践教学方法的具体形式、各种实践载体、理论支撑、实践中出现的各种问题和原因。通过认真研究和总结，不断完善学校法治教学实践教学方法，以适应法治教育的发展需求。

### 三、课堂教学层面的学校法治教学方法

（一）课堂层面的学校法治教学方法的概念和特征

课堂层面的学校法治教学方法，是从狭义的课堂教学角度研究教学方法，也就是我们通常所说的一般学校法治教学方法。这些方法涵盖了法治课堂教学的各个环节，并由法治教师在课堂上运用。

课堂层面的学校法治教学方法建立在不同课堂类型的基础上。法治教师根据不同的课堂类型，选择不同的教学方法。例如，在新授课中，教师可能更多采用讲授法；在复习课中，可能更多使用复习法；在技能技巧课中，练习法可能更为常见；而在研究课中，探究法和讨论法可能更为适宜。

课堂教学方法是整体的教学方法。从上课铃响起的那一刻起，法治教师就开始运用教学方法。法治教师组织学生上课、准备教学材料、了解学生情况、维持课堂秩序等，这些活动无一不是教学方法的体现。

课堂教学方法的核心是调动学生学习法治知识的积极性。调动学生积极性的方式很多，如启发式教学、激励式教学等。对于学生取得的成绩，教师要积极肯定；对于学生存在的不足，教师要引导学生正确对待，并鼓励他们改进。在这个过程中，法治教师应正确定位师生关系，与学生平等交流，共同探讨和解决问题。学校法治教学是一个双向互动的过程，而不仅仅是单向的知识传递过程。

学校法治教学各个环节具体教学方法的选择，要因人、因时、因具体的环境和条件而异，要以最大限度调动学生的积极性、主动性、创造性为宗旨。

（二）课堂层面学校法治教学方法的类型

1. 讲授法

讲授法这是一种通过课堂语言向学生传授法治知识和理论的教学方法。作为课堂教学的主要形式，讲授法通过口头语言进行，面向所有学生，提供无差别的教学。尽管学生可以提问，但讲授法主要是教师主导的单向教学。讲授法要求教师基于对全体学生学习情况的了解，将书面学术语言转化为易于理解的课堂语言。

对于不同年级的学生，教师需要调整语言风格：对于较低年级的学生，语言应形象直观，以帮助理解；对于较高年级、理解能力较强的学生，讲授应具有理论深度，启发思考，尤其是理论的现实应用。

2. 谈话法

谈话法是一种主要针对个别或部分学生的教学方法，强调教师与学生的双向互动。作为启发式教学的典型方法，谈话法有助于教师及时发现并调整学生学习中的不足，提高教学效果。与日常闲聊不同，教学中的谈话法有明确的教学目标，旨在促进学生的学习和理解。

3. 自学指导法

在法治课堂教学中，教师应鼓励学生的积极性，引导他们自学。自学是在教师设定的教学任务和目标下进行的。自学指导法有助于教师因材施教，实现个性化教学。教师应结合课堂内外的自学，发挥教学方法的优势。自学法需要教师的明确和有针对性的指导。

4. 演示法

在法治课堂教学中，某些教学内容可以通过演示的方式进行。演示法通过教师的身体语言或使用特定的教学道具，以形象直观的方式展示教学内容，并辅以语言说明。法治教师需要精心设计哪些内容适合演示、在何种情境下进行演示，以及演示应达到的具体教学目标。

5. 练习法

练习法是一种重要的教学方法，涉及教师布置任务，学生通过实际操作完成任务，实现教学目标。练习法有助于学生巩固和消化教学内容，提高教学效果，并减轻学生和教师的负担。练习法要求练习内容要适时、精准。

6. 讨论法

讨论法与谈话法不同，它指的是学生之间就某一主题进行的讨论。教师可以适时参与学生的讨论，但应掌握时机，主要让学生自己发现问题、分析问题、解决问题。这种方法有助于培养学生的独立思考能力。讨论法对学生的思维能力、说理能力、辩论能力，尤其是解决问题的能力提出了要求。因此，在运用讨论法时，法治教师需要耐心等待学生学习成果的显现。

## 第三节 学校法治教学的特殊教学方法

法治课堂教学方法需要与时俱进，不断创新。学校法治教学方法众多，除了常规的教学方法外，还有一些特殊的教学方法。法治教师应认真研究并总结这些方法。严格来说，学校法治教学的特殊教学方法可能超出了传统课堂教学的范围，不属于传统教学方法研究的范畴。但是，鉴于学校法治教学目标达成的特殊性，这些特殊方法也属于广义的学校法治教学方法，是学校法治教学方法研究的重要组成部分。

学校法治教学特殊教学方法的特殊性是相对的，而非绝对的。其特殊性在于它们对学校法治教学内容具有特殊的适应性。换句话说，采用这些特殊的教学方法，可以更显著地提高学校法治教学的效果。这些特殊的教学方法来源于长期的学校法治教学实践，并且可以根据方法存在的具体形态进行分类。

### 一、案例教学法

案例教学法是在学校法治教学过程中广泛使用的一种方法，它通过选取现实生活中的真实案例或预先设计好的案例，帮助学生深入理解法治知识、法治理论和法律条文。案例教学法不仅适用于不同年龄段的学习者，包括大学生、中学生、小学生乃至学前儿童，而且也适用于不同职业领域的教学对象，如学生、工人、农民、教师、商人、干部、军人等。在学校法治教学中，案例教学法在提升教学对象的法治素养、培养依法治国的接班人以及实现建设法治国家的目标方面发挥着日益重要的作用。案例教学法在学校法治教学中具有显著的优势，具体体现在以下几个方面：

1. 案例教学法有利于透彻地阐释法治知识、法治理论

在学校法治教学中，教师面临的挑战之一是如何将抽象的法治知识、法治理论讲解清楚。案例教学法可以较大程度地还原法治知识、法治理论对案例的天然依附，从而清晰地阐释问题。因为，理论源于实践，法治案例是法治实践的集中体现，是法治社会、法治生活中本来就存在的客观道理的教学体现。所以，从案例出发，能够最大限度地阐释清楚法治知识、法治理论。

2. 案例教学法有利于准确地揭示法律关系

在学校法治教学过程中，有各种各样的法律关系需要说明。通过案例来说明，有利于教学对象准确地理解和把握法律关系。例如，在买卖合同中，通过具体案例可以明确买方和卖方的权利与义务，以及合同是否成立等法律问题。再如，在诉讼法律关系中，案例教学可以帮助教学对象理解原告和被告的法律地位及其诉讼权利。通过案例来讲述法律关系，不仅有利于教学对象对法律关系的理解，还有利于教师对理论问题的进一步阐释。

3. 案例教学法有利于提高教学对象的法治能力

学习法治知识、法治理论、法律条文的最终目的在于运用所学的内容创造美好的生活，建设法治国家。案例教学法能够逐步提高教学对象分析问题的能力，而教学对象分析问题的能力提高了，解决问题才有坚实的基础。

当然，案例教学法也有不足。在案例教学中，教师仅关注具体的案例，可能会忽视对法治问题、法治事件的理论思考，看问题的视野、高度和深度有时会稍显不足。此外，如果过分沉浸在个别案例中而不能跳出来，学生可能会偏离学习法治知识的正确方向，长期下来，可能只掌握了一些技巧，而在对法治的根本问题和实质的理解上进步有限。

教师使用案例教学法时，要注意以下几个方面的问题：

1. 教师要在案例的选择和设计上下功夫

案例的选择和设计关系到案例教学质量的高低，甚至关系到案例教学的成败。好的教学案例能起到提高教学效果、节约教学资源的作用，而质量不高的教学案例可能起到相反作用，削弱已有的教学效果。因此，法治教师要在教学案例的选择上下功夫。一是选择的教学案例要能说明要教学问题，也就是说，要有利于教学目标的实现；二是要注意关联性，教学案例要与教学对象的学习生活、家庭生活、社会生活尽可能关联；三是要考虑到教学对象法治知识水平、法治能力的现状。可见，教师对案例的选择不应是随意的，而要考虑诸多因素。

2. 案例要靠教师平时积累

优秀的法治教师，在选择学校法治教学案例时，看似顺手拈来，实际上是平时艰苦积累的结果。案例教学法依赖于法治教师对法治案例的点滴积累。要提高案例教学的质量，法治教师要成为案例积累的有心人。法治教师平时要多与公检法、司法行政等机构的人员交流，要依法搜集案例，多阅读报刊资料，采取多种途径收集案例。更重要的是，法治教师要根据教学内容、法律条文，自己设计案例。自己设计的案例是社会生活的浓缩和集中，更能说明学校法治教学的内容。因此，法治教师要主动加强这方面能力的训练，有关部门也应提供帮助。

3. 法治教师对案例要理解透彻

法治教师对案例理解的深度、准确度，直接关系到学校法治教学质量的高低。要对案例深刻理解，法治教师须具备一定的社会经验。因此，法治教师要主动投身于中国特色社会主义法治建设的伟大事业，在法治实践中积累有益的经验，从而加深对法治案例的理解。此外，法治教师日常生活经验的积累也是必不可少的。法治教师还要广泛涉猎其他各个学科的知识，因为法治案例涉及的社会生活领域非常广泛。总之，只有深刻理解案例，教师才能在案例教学中游刃有余。

## 二、模拟法庭教学法

模拟法庭教学法是一种模拟真实法庭审理案件情境的教学方法。通过这种模拟，教学对象能够更直观地理解法律知识、理论条文在实际中的应用，这种教学方式具有其他教学方法难以比拟的优势。模拟法庭教学法适用于有一定理解能力的教学对象，对于初中及以上年级的学生，模拟法庭是一种有效的学校法治教学方式。低年级的小学生、幼儿园的小朋友则不适宜采用模拟法庭教学法。一些学校为了提高模拟法庭教学的质量，专门投资建立了模拟法庭教室，并配备了必要的设备，同时对教师进行了专业培训。此外，有的教学部门还聘请了司法人员作为兼职指导老师，以提升模拟法庭教学的专业性，从而增强教学效果。

模拟法庭教学法具有以下几个显著优势：

1. 有助于学生将理论联系实际

学习法治知识的核心在于与实际相结合。虽然模拟法庭并非真实法庭，但它为理论知识与实际应用之间搭建了桥梁，有助于学生理解所学的法律知识、理论和法律规定，并为将来在实际生活中运用法律打下坚实的基础。

2. 有利于培养学生的法治情感

尊法、敬法、护法是法治情感的重要组成部分。法治信仰建立在对法治的信任之上，而信任源自了解。模拟法庭庄严的氛围能够感染学生，使他们不仅学习法律知识、提高法治应用能力，更在模拟真实情境中感受法治的力量，培养对法治的敬畏之心，树立坚定的法治信仰。

3. 有助于学生学习程序法知识

模拟法庭使学生能够快速了解和熟悉法庭的组成、诉讼当事人的权利与义务、证人的权利与义务以及审判程序等知识，这有助于节省教学资源并提高教学质量。

4. 有助于提高学生学习法治的兴趣

法治知识和理论的学习可能会显得枯燥，而模拟法庭教学能够降低这种枯燥性。通过模拟法庭创造的教学情境，学生能够更直观地理解法治知识，从而有助于激发他们的学习兴趣。

在运用模拟法庭教学方法时要注意：

模拟法庭需要特殊的教学准备。这些准备包括布置合适的空间以模拟法庭环境、准备必要的道具、安排熟悉法庭程序的人员进行指导，以及选择具有代表性的教学"案件"。模拟法庭的组成人员应主要由学生扮演，以提高模拟的真实性和教学效果。为此，应组织相关人员进行培训。

法治教师的引导很重要。在运用模拟法庭教学法时，法治教师要加强教学引导。虽然模拟法庭是一种教学活动，并非真实的法庭审理，但教师需要发挥引导作用，确保活动符合教学目标。例如，培养学生坚定的法治信仰，需要教师对模拟法庭的教学成果进行深入的总结和提炼。没有法治教师的正确引导，学生可能仅将模拟法庭视为一种有趣的活动，而无法深刻理解法治的内涵和价值。

模拟法庭要发挥学生的主体性。学生是学习的主体，也应是模拟法庭的主导者。在运用模拟法庭进行教学时，教师应提出要求并给予适当引导，同时鼓励学生将模拟法庭视为一次特殊的教学探究活动。在这样的活动中，学生可以主动探究法治知识，并在必要时创新法治知识的应用。

### 三、法律条文朗读法

在学校法治教学中，法律条文的教学不可或缺。教材中的法治知识和理论需要与现行的法律条文相结合。法律条文能够帮助学生快速熟悉现行的法律制度，并培养解决问题的能力。法律条文朗读法是一种通过朗读法律条文来进行教学的方法，它通过特定的语音和语调，调动学生的感官，帮助他们记忆和理解法律条文。

法律条文朗读法不仅能激发学生学习法治知识的热情，还能帮助他们快速进入学习法治知识的状态。法治国家的建设要求将法律原典交给每一个人，而朗读法律条文是实现这一目标的有效手段。只有清晰地朗读法律条文，才能深刻记忆、牢固掌握法律条文，并准确理解、正确运用它们。

法律条文朗读法特别适用于各类学生，尤其是年龄较小的学生。中小学生具有较强的机械记忆能力，通过朗读和重复，可以加深对法律条文的记忆，并逐步达到理解的目的。目前，我国的宪法、民法典以及其他法律法规都是规范的法律条文朗读材料。

法律条文朗读法的价值不仅体现在教学上，还体现在社会价值上。它能够让更多人学习法律原典，避免对法律的误解，培养全民对中国特色社会主义法治的信任，并树立坚定的法治信仰。朗读法律条文本身就是一种法治宣传手段，不仅让朗读者受益，也能让周围的人在无意中增长法治知识，感受学习法律的氛围，受到教育和启迪。

可见，法律条文朗读法的价值巨大，它不仅是一种教学方法，其具体内容也是有价值的活动。

### 四、法治仪式法

法治仪式法作为一种特殊的教学方法，在学校法治教学中扮演着至关重要的角色。它通过仪式化的教学活动，不仅增强了学生的法治意识，还有助于培养学生对法律的尊重和遵守法律的习惯。实际上，法治仪式法已经在教育实践中得到了广泛应用，并且其价值正在被越来越多的教育工作者和学者所认识和重视。

例如，学校每周举行的升旗仪式就是一种典型的法治仪式法的应用。在升旗仪式中，学生们通过唱国歌、向国旗敬礼等行为，表达对国家的尊重和对法治的认同。这种仪式感的培养，使学生在庄重的氛围中感受到法律的严肃性和权威性，从而在心中树立起法治的崇高地位。

当前，随着法治教育的不断深入，我们更需要重新审视和认识法治仪式法的价值。在中华文化中，礼仪和仪式一直被视为社会秩序和道德规范的重要组成部分。将这种传统文化与现代法治教育相结合，可以创造出具有中国特色的法治教育模式。法治仪式法不仅能够帮助学生理解法律条文，更能够通过仪式的体验，让学生感受到法律的精神和价值。

法治仪式法是一种富有成效的教学策略，它通过仪式化的教育活动，使学生在体验中学习，在学习中体验，从而更深刻地理解和掌握法治知识，培养法治精神。随着法治教育的不断发展，法治仪式教学法必将在学校教育中发挥更加重要的作用。

要培养学生的法治精神，必须深植于中国的传统文化之中。我国古代的礼仪文化是中华文化的瑰宝，其中不少元素可以为学校法治教学提供丰富的资源。学校法治教学需要仪式感，这是对中华仪式文化的再发现和创新应用。

现代青年需要仪式感。随着生产力的发展和生活水平的提高，现代人尤其是青年越来越重视生活中的仪式感。仪式已成为一种生活方式，学校法治教学也应顺应这一趋势，融入相应的仪式，以增强教学的吸引力和实效性。

法治仪式法可满足追求教学深刻的需要。追求深刻，是一种教学价值。学校法治教学中的法治仪式法不仅追求知识的传授，更追求对知识、理论、条文的深刻理解。法治仪式教学有助于教师深入教授，学生深刻领会，从而达到教学的深度和高度。

然而，当前人们对法治仪式法的认识尚不统一，一些人可能认为它过于形式化。需要认识到，精神教育和信仰教育往往需要仪式的支撑，法治仪式法不仅关乎知识理论的教育，更关乎心灵教育，通过仪式让学生沉浸其中，可以培养学生对法治的虔诚之感和坚定信仰。

## 五、法治体验法

法治体验法是一种沉浸式教学方法，它通过让学生进入特定的环境并产生深刻感受，来加深对法治知识、理论、条文的理解，实现教学目的。这种方法不仅适用于法治课堂教学，也适用于更广泛的教学场景。

在特定的环境下，学生通过亲身体验，可以获得比传统课堂教学更深刻的认识。例如，对于有轻微违法行为但未达到刑事处罚标准的青少年，如果监狱部门能够配合，让他们短暂体验监狱生活，感受失去自由的痛苦，这种体验可能比课堂教学更有效，因为它能让人产生更直观的感受，加深对法治的认识。当然，体验教学法的实施需要法律和教育制度的支持，并且在法治范围内采取必要的保障措施，避免对学生造成伤害。

法治体验法是学校法治教学中的一种特殊方法，需要深入研究其价值和应用条件。学习对象的选择应有一定的标准，而教学形式可以多样化，通常在真实的生活场景中进行体验，以获得最佳的学校法治教学效果。

作为一种主观性较强的教学方法，不同的学生可能会有不同的体验结果，这是正常现象，不应强求一致。关键在于法治教师需要对学生的体验进行反思，引导和提升学生的学习体验，促进法其法治情感的升华。法治教师还需要做好各种衔接和保障工作，包括获得家长的支持，以及争取社会各方面为学校开展体验教学创造条件。同时，相关的教学部门和政府机构应积极为学校的体验教学提供服务和支持。

# 第九章　学校法治教学管理

纵观古今中外对于教育价值的论述，虽然众说纷纭，但就其最基本的方面而言，不外从社会需要来论述教育价值或从人的发展来论述教育的价值，或者二者兼而有之。[①] 研究学校法治教学管理既是提高法治教学质量的需要，也是依法治国的社会需要。而目前法治教学中存在种种困惑法治教师、教育管理者、法治研究者的问题，导致法治教学管理能力较低。这主要是因为对法治教学管理的认知不到位。

这些困扰法治教育工作者的问题主要有：学校法治教学管理的目标是什么？管理的主体是什么？管理涵盖哪些具体内容？学校法治教学管理人员应具备哪些素质？如何加强学校法治教学管理队伍的建设？等等。探索学校法治教学管理的直接意义在于，提升法治教师的管理认知水平、拓宽其管理视野、增强其管理能力。

## 第一节　学校法治教学管理的基本问题

学校法治教学管理涉及多个基本要素，包括管理的主体、内容、目标等。学校法治教学的核心在于法治课堂教学，而法治课堂教学管理则主要围绕法治课堂展开，涵盖了对法治课堂教学内容和各个环节的管理。

有人认为课堂教学管理就是课堂教学活动，这种观点在一定程度上认识到了课堂教学管理与课堂教学活动之间的目标一致性。然而，尽管课堂教学管理和课堂教学活动之间存在密切联系，但它们实际上是两个不同的概念。区分这两者，有助于我们更深入地理解学校法治教学的各个环节，进而提升教学的认知水平和实践能力。

---

① 黄济. 教育哲学通论 [M]. 太原：山西教育出版社，2005：420.

## 一、学校法治教学管理的目标

学校法治教学管理的目标是指在科学管理过程中，通过运用管理措施、方式、手段和策略，实现预期的教学效果。根据学校法治教学管理目标的实际发展，可以确定其主要追求目标是有序、高效、科学、民主和活力。

### （一）有序目标

学校法治教学管理的首要目标是到达教学的有序。教学的有序指的是教学活动遵循既定的规范和程序，不受非规范因素的干扰。这包括国家教育制度、学校规定、班级常规以及法治课特有的教学规范。教学秩序体现了教学的内在规范和逻辑顺序，与无序和混乱相对立。教学秩序应体现教学规律，对于不符合教学规律的秩序，应通过教学实践逐步改进。

教学的有序要求明确什么是有序，以及在学校法治教学的广义和狭义层面上，有序的具体含义是什么，需要研究的问题包括教师、学生和管理人员对有序的理解，以及如何协调这些不同主体的理解。教学的有序是相对的，一定程度的可控"混乱"是教学活力的体现。

### （二）高效目标

学校法治教学意在实现教学的高效性。教学管理措施旨在提升教学效率，即用最少的资源投入获得最大的教学成果。学校法治教学的投入包括教师在教学上花费的时间、精力、资金、资料等。教师和学生都应追求以最小的投入获得最大的教学效果，这不仅有助于学生将精力投入其他学科，也有助于他们全面发展。高效目标并不是降低教学质量标准，而是在保证质量的前提下提升教学效率。

### （三）科学目标

科学目标强调学校法治教学目标应体现客观规律，这构成了学校法治教学的内在追求。在设定学校法治教学目标时，应基于科学性原则，确保目标的可实现性。科学目标揭示了学校法治教学目标各要素之间的内在联系、本质特征和必然性。

在学校法治教学实践中，我们不能仅依赖主观臆断或随意行为来确定教学目标。学校法治教学应当充分发挥主观能动性，同时也要认识到其局限性。也就是说，学校法治教学并非万能，它不能解决所有涉及个人、社会、家庭、经济和环境的问题。实现科学目标要求我们深入研究学校法治教学的规律，并理解这些规律的内在联系。人们对这些规律的认识是一个逐步深入的过程。过去可能因为忽视了教学规律和法治素养形成的规律，而没有充分重视学校法治教学的科学性。科学目标不仅是其他教学目标的基础，也是实现这些目标的前提条件。

（四）民主目标

民主目标是衡量学校法治教学管理价值的标准。学校法治教学活动的价值取决于民主目标的实现程度。从教学规律来看，学校法治教学过程应是发扬民主的过程。学校法治教学管理不应由教师单方面决定，而应由法治教师、学生、管理人员、其他科教师、家长乃至社会成员共同参与，尽管他们的参与程度和方式可能不同。民主目标要求管理尊重民意，注重调查研究，遵从少数服从多数的原则。民主管理是实现学校法治教学育人目标的重要途径，并且在学校法治教学中，民主既是管理的目标，也是其过程本身。

（五）活力目标

学校法治教学管理的目的是激发而非抑制教学活动的生机和活力。如果某种管理措施导致教学失去活力，应考虑放弃这种方式。现代学校法治教学管理旨在解放而非限制教学活动，以促进其创造性。这要求我们认真研究和对待学校法治教学管理，认识到其终极价值在于"释放人"的潜能，而非"囚禁"或"压抑"。活力目标是现代学校法治教学文明的体现，与传统教学管理以"听话"为目标的做法不同。活力目标引导的学校法治教学是多样化和有趣的，它不仅是知识传授的过程，也是学生愉快成长的人生经历。

## 二、学校法治教学管理的主体

确定了学校法治教学的管理目标之后，接下来的关键问题是探讨谁应该负责执行这些管理任务，即管理主体。潜在的管理主体可能包括专业人员、法治教师、学校管理人员、以及学生和家长。传统研究往往忽视了对管理主体角色的深入探讨，常常默认法治教师是管理的当然主体，而没有进一步分析。

学校法治教学管理应由单一主体还是由多个主体（即复合主体）来执行，以及影响管理的因素是单一还是多元，这些都是值得深入探讨的问题。实际上，影响学校法治教学管理的因素是多元的，包括但不限于教育资源、社会文化背景、政策法规、学校传统和社区参与等。相应地，学校法治教学管理的主体也是多元的，不存在单一的管理主体。

这意味着，为了实现有效的学校法治教学管理，需要认识并整合不同主体的视角和专长。这可能涉及跨部门合作、社区参与、家长和学生的意见反馈，以及专业管理人员和法治教师的专业知识。通过这种多元化的管理方法，可以更全面地应对学校法治教学中遇到的挑战，从而提高教学效果和管理质量。

（一）法治教师

法治教师在学校法治教学管理中承担着核心责任。作为学校法治教学工作的实际执行者，法治教师不仅要管理好课堂内的法治教学，还需要协调学校、家庭和社会的资源，以形成教学的合力。法治教师的管理作用不仅限于课堂内，还体现在鼓励学生学习法治知识、积极参与学校法治教学实践，以及将课堂知识与实际生活相结合，从而提高学生的法治素养。

法治教师应当热情地研究教学管理知识，不断提升管理技巧。将教学管理视为一门艺术，法治教师应追求高超的管理水平，以实现法治课堂管理的目标。这包括创造一个积极的学习环境，激发学生的兴趣和参与度，以及通过有效的沟通和协调，确保教学活动的顺利进行。

（二）学生

学生在学校法治教学管理中既是管理的对象，也是管理的积极参与者。作为自我管理的主体，学生在学校法治教学中学习如何自我管理，并接受法治教师的指导和管理。学生的参与不仅体现了课堂教学的民主精神，也是现代学校法治教学的重要价值追求之一。

学生通过多种方式参与管理，包括自觉学习、主动完成任务、与同伴合作学习等，这些行为有助于激发他们学习法治知识的积极性，并培养对法治的信仰。学生参与管理的依据是学校法治教学中的规则体系，这些规则不仅涵盖了教学秩序、纪律和规范，也包括了对学习规律和个体成长规律的尊重和遵循。

在法治教学中，学生对自身的管理应在不干涉他人学习的前提下进行，这体现了学生自我管理的特殊性。通过这种方式，学生能够在实践中学习法治原则，理解个人权利与义务的平衡，以及如何在集体中维护自己的合法权益。

### （三）学校管理人员

学校管理人员，包括党委书记（或党总支书记）、校长、教导主任、政教主任、团委书记、年级主任、班主任等，都与学校法治教学管理有着密切的联系。在这些人员中，班主任、年级主任、教导主任承担着尤为重要的管理责任。这些人员构成了中小学教学常规管理的核心团队，学校教学工作的正常有序开展离不开他们的共同努力。法治教师应主动配合这些管理人员的教学管理工作。

学校教学管理人员应依法、依规进行学校法治教学管理，遵循学校法治教学的规律和学生法治素养养成的规律。他们的管理本质上是服务性质的，应当倾听法治教师的意见，尊重法治教师对学校法治教学的管理，避免不必要地干涉正常教学活动。学校管理人员的管理重点应放在制定和执行规章制度上，确保制定出切实可行的学校法治教学制度，以保障学校法治教学的有序进行。

### （四）家长

家长在学校法治教学管理中扮演着至关重要的角色，他们通过多种方式参与其中，以支持和增强教学效果。首先，家长与法治教师协作，监督学生完成家庭作业，并及时向学校反馈学生在家的学习态度和行为表现。其次，家长通过自己的守法行为作为榜样，激励学生积极学习和内化法治知识。此外，家长定期参加家长会，与法治教师沟通，了解学生在学校的学习进展和法治教育情况。家长还通过家长委员会参与学校的法治教学管理，提供有价值的建议和反馈。在这一过程中，家长的角色是建设性的，他们提出建议、分享学生在家庭和社会中的守法情况，帮助学校在家庭环境中更好地管理学生的日常行为。家长的参与不仅延伸了亲子教育，而且促进了家校之间的有效沟通，共同营造了一个支持性和协作性的教育环境。

### （五）社区的工作人员等

学生的健康成长不仅是学校的责任，也是每个社会成员的共同职责。因此，家长和其他社会成员在一定程度上也是学校法治教学管理的参与者。为了实现教育的最大效益，避免出现"5+2<7"的现象——即5天的学校教育加上2天的家庭教育，效果不增反减——我们需要学校、家庭和社会多种力量的协调一致。只有通过这种全方位的合作，我们才能确保学生在法治教育方面得到连贯和有效的指导，从而促进他们的全面发展。这种合作精神是构建积极教育环境、提高法治教学成效的关键。

## 三、学校法治教学管理的对象

学校法治教学管理的对象，表面上看似指向学校法治教学本身，但实际上，无论是在理论研究还是实践操作中，我们都应该深入探究其本质，即管理的核心对象是参与学校法治教学活动的具体个体——学生。教学的目的不仅在于传授知识，更在于提升学生的法治素养，为他们未来更幸福的生活奠定基础。为了促进学生更好地发展，学校法治教学管理应以学生为中心，对学校法治教学的内容、秩序、教学情况、教学制度进行管理。

### （一）学校法治教学的内容

在我国，学校法治教学内容与学生的生活密切相关，如相关的教育法、义务教育法、青少年保护法等相关法律知识。学生需要理解这些法律的基本规定，并掌握相关的法治知识和理论。宪法作为国家的根本大法，规定了国家的根本制度和公民的基本权利与义务，是每个中国公民必须了解的。此外，民法、刑法、程序法、劳动法等相关基本法律，以及国际公法和国际私法的基本知识，也是学生应该学习的内容，这不仅有助于维护国家利益，也对个人发展至关重要。教学内容的落实情况和保障措施是学校法治教学管理需要关注的重点。

### （二）学校法治教学的秩序

学校法治教学的顺利进行依赖于良好的教学秩序。教学秩序不仅仅是一些规定，而是需要在学校法治教学管理过程中具体实施和维护的。科学化的秩序管理是关键，要去除那些不符合教学和学生成长规律的做法，以促进学生的全面发展和未来幸福。学校法治教学秩序的价值在于创造一个环境，让学生能够愉快、高效、高质量地学习。教学秩序应具体化为明确的教学规则和守则，并在所有学生中形成共识。所有参与教学的人员，包括法治教师和学校管理人员，都应遵守这些规则和守则，确保人人平等，无一例外。

### （三）学校法治教学的方法

学校法治教学方法的管理是教学管理的重要组成部分。选择合适的教学方法以完成特定的学校法治教学任务，需要法治教师、学生和学校管理人员的共同参与。学生应选择最适合自己的学习方法，而法治教师则应选择能够带来最佳教学效果的方法。学校管理人员应评估和监督法治教师所采用的教学方法的适宜性。法治教师不仅要引导和建议学生选择正确的学习方法，还要通过沟通和启发来促进学生的学习。学生学习方法的管理是学校法治教学方法管理的核心，学生应通过法治学习的实践逐步提升自己的学习方法管理能力。

（四）法治教师的教学情况

法治教师的教学情况直接影响教学质量和学生法治素养的培养。传统上，教学管理往往聚焦于对教师教学情况的管理，学校管理人员制定了包括量化指标在内的多种考核方法。对法治教师进行量化考核是必要的，它可以使评估过程更加精确。然而，这种方法也可能导致对学校法治教学管理的简单化。学校法治教学管理是对人的管理，量化考核应具体落实到学生的法治学习和素养提升上。管理应深入到教学的本质，关注法治教师的教学行为是否立足于学生的长远发展和幸福。

（五）学校法治教学制度的管理

学校法治教学制度的管理是学校法治教学的基础。在我国，学校法治教学制度总体上是完善的，但随着依法治国的不断深入，学校法治教学制度也需与时俱进，进行必要的"立、改、废"工作。"立"指制定新的教学制度和规范；"改"指修订不适应当前需求的制度；"废"指淘汰过时或阻碍教学效果的制度。学校法治教学制度的管理是一项复杂而艰巨的任务，它直接关系到法治教师教学的制度支持，因此应成为学校法治教学常规管理的一部分。

## 第二节 学校法治教学管理的原则和方法

学校法治教学管理必须遵循一定的原则和方法，否则其效果可能会大打折扣。管理原则的确立应基于学校法治教学管理的本质属性。学校法治教学管理的原则与方法之间存在密切联系：管理方法实际上是管理原则的具体体现，而管理原则是指导方法选择和实施的理论基础。同时，学校法治教学管理的方法是实现管理目标的手段和策略。

研究学校法治教学管理的原则和管理方法，是深入理解和有效实施学校法治教学管理不可或缺的一环。这些原则和方法不仅指导我们如何进行管理，还帮助我们评估和优化管理过程，确保学校法治教学活动能够高效、有序地进行。

## 一、学校法治教学管理的原则

学校法治教学管理的原则是对学校法治教学管理实践经验的总结，是学校法治教学管理遵循的基本准则，包括目的性原则、可调性原则、科学性原则、系统性原则、规范性原则、人文性原则。

### （一）目的性原则

目的性原则是学校法治教学管理的基本原则之一。学校法治教学管理活动是有目的、有意识的行为，其首要任务是明确管理的目的，即通过学校法治教学管理要实现的具体目标。学校法治教学管理的目的与教学目的相一致，理解学校法治教学的目的有助于明确管理的方向。

我们需要区分教学目的与教学目标的不同。与具体的教学目标相比，教学目的具有更广泛的范围，学校法治教学的目的是由多个教学目标构成的。如果忽视了学校法治教学的目的性原则，那么学校法治教学的具体目标也难以确定。学校法治教学的目标可能包括法治知识的掌握、理论的理解和技能的培养，但最终目标都是为了人的发展。即便教学目标指向的是知识或技能，其根本指向仍然是人的发展。如果学校法治教学失去了目的，或者只停留在目标层面，就会变得肤浅和不彻底，最终可能失去其存在的意义。

学校法治教学管理的目的性原则要求我们在每个管理环节中都围绕提高学生的法治素养来开展工作，培养符合未来社会需求的法治人才和公民。也就是说，要将法治知识、理论内化于心、外化于行，把法治当成一种生活方式、一种个人存在的常态。学校法治教学管理的目的性原则还要求我们在学校法治教学的准备、实施、评价和反思等各个阶段，始终将人作为管理的核心。人是学校法治教学管理的最终目的，不应被具体的教学目标所遮蔽。我们应认识到提高人的法治素养是一个复杂而漫长的过程，不能在学校法治教学管理目标上过于功利和短视，而应坚持学校法治教学的长远目的。

### （二）可调性原则

可调性原则是学校法治教学管理的核心原则之一。学校法治教学管理不是一成不变的，它需要随着依法治国形势的发展、教学对象的变化、教学环境的变迁以及条件的演进进行相应的调整。学校法治教学管理的可调性原则体现了实事求是的精神，是管理灵活性的体现。这意味着在学校法治教学管理中，我们不能固守僵化的教条,而应审时度势,深入研究当前的学校法治教学管理实践,并考虑社会、家庭以及未来社会对学校法治教学的需求。随着人工智能等科技进步,法治管理面临着新的挑战和要求,因此,需要对现有的学校法治教学管理策略进行适时调整,以适应科技的不断发展。

学校法治教学管理的可调性原则体现在以下几个方面:

管理制度的可调性:无论是宏观的教学管理制度、政策、方针,还是微观的课堂教学,都应随着学校法治教学形势和国家形势的变化而变化。

管理理念的可调性:管理人员应善于学习其他学科的先进管理理念,并根据学校法治教学管理实践的发展,不断更新管理理念。

管理目标的可调性:管理人员应根据具体的学校法治教学管理要求,尤其是国家、社会的要求以及人的需要,以及具体教学实际,不断调整管理目标。

管理内容的可调性:不同时期、不同学校的法治教学管理面临不同的问题,因此,学校法治教学管理的内容应是可调的。

当然,学校法治教学管理的可调性与一致性是相统一的。在一定时期内,学校法治教学管理应保持相对稳定,以确保管理的连续性和有效性。只有将一致性与可调性结合起来,才能最大限度地提高学校法治教学管理的效果。

### (三)科学性原则

学校法治教学管理的科学性原则要求管理活动必须遵循客观规律。科学性原则是所有管理原则的基础和前提,没有科学性,学校法治教学管理就无从谈起。学校法治教学管理的规律体现在管理内部各种要素之间内在的、本质的、必然的联系。这些要素包括人员、制度、资金、教学对象、环境和要求等,它们之间的内在联系构成了学校法治教学管理的规律,管理活动必须与这些规律相符合。

科学性在课堂教学管理中表现得尤为明显,包括人的法治素养形成规律和学校法治教学本身的规律。这意味着在学校法治教学管理中,必须深入研究人、适应人、为了人,不能简单地将教育者的主观意愿强加于受教育者。

在学校法治教学过程中,应将教学管理视为一门科学,并建立在对学校法治教学科学性深刻认识的基础上。过去,我们对学校法治教学管理科学性原则的认识不足,存在过多人为干涉和任意指挥,这不仅不尊重法治教师的人格,也反映出对管理科学性缺乏足够认识。为了增强学校法治教学管理的科学性,必须加强对学校法治教学规律的理解和认识。人们对这些规律的认识是一个逐步深入的过程,从未知到已知,从浅知到深知。

在依法治国的大背景下，学校法治教学面临着深刻的结构调整任务，这为理解和掌握学校法治教学规律带来了挑战。因此，从事学校法治教学管理研究的理论工作者和实践工作者都应勇于面对困难，不断探索和实践，以推动我国学校法治教学管理水平的进一步提升。

（四）系统性原则

学校法治教学管理是一个包含众多因素的复杂系统。遵循系统性原则有助于协调这些因素，避免它们在相互作用中产生内耗，从而提高管理效能。

坚持系统性原则，需要明确学校法治教学管理系统涉及的因素。这些因素分为人的因素和物的因素。人的因素包括法治教师、学生、学校管理人员、其他教师、后勤服务人员以及参与管理系统的社会人员。物的因素包括管理制度、硬件设施、资金等资源。学校法治教学管理系统具有整体性、动态性和层次性，需要在内部和外部实现人的因素与物的因素之间的协调。只有实现因素之间的协调，学校法治教学系统才能优化，管理才能发挥最大效能。

坚持系统性原则，应做到以下几点：

（1）学校法治教学管理应建立协调机制，其中人的因素的重点在于沟通，物的因素的重点在于合理使用。学校法治教学管理是一个动态过程，没有协调机制就难以适应不断变化发展的环境。

（2）在学校法治教学管理中，要做到人尽其才、物尽其用。无论是法治教师、学生还是学校其他人员，都在学校法治教学管理中扮演着不可替代的角色。坚持系统性原则意味着要确保每个人都能发挥其作用。同时，鉴于物资资源可能有限，需要在现有条件下尽量发挥其最大效用。

（3）要建立一个开放的学校法治教学管理系统。学校法治教学要实现管理的现代化，必须使系统本身具有开放性。开放的系统能够不断吸收新的元素，增强学校法治教学管理的生命力。要做到学校法治教学管理系统的开放，必须从理念上开放入手，确保管理理念面向未来、面向社会、面向人、面向急需解决的实际问题，以此确保管理的活力和适应性。

（五）规范性原则

学校法治教学管理的依据是一系列规范，这些规范包括从宪法、法律到教学单位的具体规定，它们构成了学校法治教学管理的规则和制度。这些规范不仅是学校法治教学管理的基础，也是我国依法治国方略在教育领域的具体体现。

学校法治教学管理的规范性原则反映了对学校法治教学管理规律的深刻理解。从本质上讲,学校法治教学管理是对人的管理,而有效的管理必须建立在对人的管理规律的认识和掌握上。学校法治教学的管理规范是对这些规律的总结,有助于提高管理效率、节约管理成本。这些规范详细规定了教师的教学行为,明确了教师在教学过程中应遵循的行为准则。同时,学校法治教学规范也规定了学生的法治学习行为,这些行为规范是基于对学生长期学习规律的总结,有助于学生在法治学习中取得更好的效果。此外,学校法治教学管理规范也规定了学校管理者的行为,以避免主观臆断,维护教学秩序的稳定。

学校法治教学管理规范是建立在对学校法治教学管理规律科学认识的基础上的。然而,在实际的学校法治教学管理中,并非所有相关人员都能自觉遵守这些规范。因此,需要采取多种措施提高相关人员对学校法治教学管理规律的认识,促使其自觉遵守规范。在学校法治教学管理过程中,相关人员不仅要意识到规范的存在和遵守的必要性,而且要将这些规范转化为实际行动。

同时,我们也应认识到学校法治教学管理规范具有相对性,需要随着学校法治教学管理形势的发展而不断更新。我们不能让学校法治教学管理规范成为僵化的教条,束缚学校法治教学管理的活力。学校法治教学管理人员应不断总结经验,创新学校法治教学管理规范,以适应不断变化的教育环境。

（六）人文性原则

学校法治教学的人文性原则是指在学校法治教学管理过程中应体现人文关怀和人文精神。这一原则是学校法治教学管理的核心。缺乏人文性的教学管理,不能称之为现代学校法治教学管理。人文性不仅体现了学校法治教学管理的进步性和文明性,而且能保证学校法治教学最终目的的实现。学校法治教学管理是为了人的发展,即使在处理非人因素时,这些管理活动也应服务于人的发展。

学校法治教学管理人文性原则的含义包括两个方面：

（1）学校法治教学管理是围绕人的管理。这意味着教学对象,即受教育者,应成为管理的中心。通过学校法治教学管理,我们旨在提升受教育者的法治素养,实现管理育人的目标。例如,依法、依规的管理不仅能增强受教育者对制度的信任感,而且对于确立法治信仰具有重要意义。

（2）学校法治教学管理也是法治管理文化建设的一部分。管理人员应从文化层面营造一种依法、依规管理的良好氛围。这不仅能提高管理效率,还能使受教育者在潜移默化中接受法治教育。学校法治教学管理强调文化建设,注重灵活性，强调管理者与被管理者之间的互动，尊重个体差异，并重视社会整体法治文化对受教育者的影响。

与学校法治教学管理的人文性相对应的是其工具性。学校法治教学管理的工具性体现在将管理对象物化，忽视了人的需求、素养、知识和技能，只关注管理目标的达成和管理意志的贯彻。这种工具性管理的弊端在于忽视了人文性。因此，学校法治教学管理的人文性原则要求我们以人为中心，构建以人为本的学校法治教学管理文化，确保人在管理过程中的主体地位。

## 二、学校法治教学管理的方法

学校法治教学管理原则具体体现在学校法治教学管理的方法中。这些方法不仅是学校法治教学原则的展开，还是学校法治教学管理原则整体性的体现。学校法治教学管理的方法操作性更强。在运用学校法治教学管理方法时，重要的是要始终关注学校法治教学管理原则的整体性，确保管理方法能够真正反映和体现这些原则的精神。

### （一）要求法

要求法是指在学校法治教学管理中，管理者向被管理者提出管理要求的一种方法。管理要求的内容通常包括管理要达到的目标、被管理者应遵守的管理规范、对被管理者行为的奖惩措施，以及管理过程的具体步骤。在学校法治教学管理中，明确提出管理要求是管理活动的起点；没有明确的要求，管理活动就无法有效开展。

提出管理要求的方式多种多样，可以是口头或书面形式；可以通过传统的面对面交流，也可以利用互联网等现代通信手段。这些要求通常通过规范、制度、通知或公告等形式传达。

管理要求的提出应基于深入的调查研究，并充分考虑被管理者的意愿和需求。这意味着，虽然要求由管理者提出，但必须反映被管理者的意愿和诉求。拥有提出学校法治教学管理要求权限的主体包括学校管理人员、教师等，而学生自我提出要求则是自我管理的一种体现。

重要的是，提出的要求需要满足以下要求：规范性、明确性、具体性、可行性和有效性。这些原则确保管理要求既合理又可执行，有助于提高学校法治教学管理的质量和效果。

## （二）示范法

示范法是一种通过管理人员的模范行为来引导和影响被管理者的管理方法。它是一种无声却有力的管理方式，具有其他管理方法难以比拟的优势。管理者应以身作则，遵守自己要求被管理者遵守的规范，并通过自身的行为来实现管理目的。例如，学校的法治教师应遵守课堂规范，认真上课，并用先进的教学理念引领学校法治教学的全过程。在日常生活中，法治教师也应成为遵纪守法的典范。学校管理人员在处理与法治教师和学生相关的问题时，应依据教学规范，严格执行规章制度，并遵循法治素养的形成规律。特别是在处理评职、评优、晋级、升职等涉及利益的事务时，学校管理人员更应发挥示范作用，避免徇私舞弊。

示范法不是孤立发挥作用的，它通常与其他管理方法结合使用。例如，与要求法结合时，可以更直观地指导被管理人员如何行动和达到何种标准。

作为一种管理方法，示范法与日常生活中的道德示范不同，它更强调管理的目的性和效果。在学校法治教学管理中，示范应具体且具有针对性。不同的管理者面对不同的被管理者、条件和要求，应展现出各自的特色。每个学校法治教学管理人员的示范作用都应与其岗位职责相结合，体现其独特性。

总之，示范法是一种极有价值的管理方法，在理论和实践中都值得深入研究。

## （三）互动法

互动法不仅是学校法治教学的重要方法，也是学校法治教学管理的关键手段。学校法治教学管理常常将管理融入日常教学中，通过教学实现管理。从这个角度来看，学校法治教学中的互动同时也是管理的一部分。然而，学校法治教学管理中的互动特指管理者与被管理者，即教学对象之间的互动。这种互动体现了管理的民主性，管理者与被管理者在人格和法律地位上都是平等的。因此，在学校法治教学管理中，管理者应当倾听并尊重被管理者的意见。

互动指的是管理上的相互影响、相互配合和相互支持，当然，也包括了管理上的相互制约。也就是说，在学校法治教学管理中，管理者的权力不是无限的，而应建立在受法律和制度约束的基础上。管理者受法律制度的约束既是一个自觉的过程，也是受被管理者制约的过程。因此，学校法治教学管理中的互动法体现了对学校法治教学管理规律的深刻认识和运用，以及对这些规律的尊重。

学校法治教学管理的互动本质上是一种良性的互动，即管理双方为了实现共同的学校法治教学管理目标而进行的积极主动的互动。这种互动是互惠的，体现了个人利益、社会利益和管理利益的统一。相反，恶性互动，如压制、惩罚、威胁或打压等管理方式，是不正常的，往往会引起被管理者的逆反甚至反抗。这不仅损害法治教育的成效，还可能导致学校法治教学管理者自身的损失，如职位的丧失。总之，学校法治教学管理中的良性互动是管理发展的必然趋势。

（四）激励法

激励法是指在学校法治教学管理过程中，对被管理者的正向积极行为进行肯定和奖励，以促进学校法治教学管理向好的方向发展的一种教学管理方法。被管理者积极接受管理，认真完成法治学习任务，主动探究法治问题，对法治知识、理论产生浓厚兴趣，以及在法治学习或法治管理中取得有益成果等，都可能是由于各级管理者给予了肯定和奖励的结果。

激励法有助于实现从被动管理到主动管理、从被动管理到自觉管理的转变。学校法治教学管理本身不是目的，通过管理达到"不管理"才是最终目的。激励法是一种能有效降低管理成本的管理方法。为了恰当地实施激励，必须研究在学校法治教学管理中哪些行为值得激励，哪些行为不应被激励。一般来说，所有能够培养法治人才、有利于学校法治教学对象创造美好生活的行为都应受到激励；而那些短视或功利性过强的行为则不应受到激励。因此，在学校法治教学管理中，正确发挥激励法的导向作用至关重要。

激励法不仅仅是一种普通的管理技巧，它实际上根植于管理者的价值观和人生观。因此，要有效运用学校法治教学管理的激励法，不能仅从教学管理的角度出发，而应从更深层次的价值观和人生观入手，以解决根本问题。

（五）监督法

监督法是学校法治教学管理中不可或缺的方法。学校法治教学管理既是一种教学活动，也是权力运行的一种形式。特别是在教育行政化趋势日益明显且难以在短期内消除的情况下，我们应实事求是地面对这种状况。由于涉及权力，就应当接受监督和制约。目前，一些教学单位管理人员权力行使不当，导致教师的教学权利和学生的学习权利受到侵犯的情况并不鲜见。

在学校法治教学管理过程中，无论是学校的管理人员、政府部门的管理人员，还是法治教师，其学校法治教学管理权力和行为都应受到监督。这不仅合法合规，也是由学校法治教学管理规律所决定的。学校法治教学管理应受到监督，这是毋庸置疑的。监督的主体包括学生、家长、学校管理同行、学校的教师、教育行政部门以及其他个人。在学校法治教学管理中，每个人都应该受到监督，不应存在特权或例外。因此，明确管理职责、界定管理权限就显得非常重要。监督应从教学制度的源头开始，贯穿学校法治教学管理的全过程。

当然，学校法治教学管理权力的运行与其他行政管理权力的运行有所不同，其监督更多采取"柔性"方式，如提醒、告诫、促使自省和反思。如果违反了法律规定，也应依法处理。

## 第三节 学校法治教学管理模式及其发展趋势

模式是指某种事物的标准形式或固定化的办事程式。遵循模式行事，可以在最大程度上降低成本并取得预期效果。模式通常是人们在长期的生产、生活、社会经验、交往实践和科学实验中积累的经验总结。在教育教学领域，模式是对教育教学经验的概括和提炼。学校法治教学管理模式则是对学校法治教学管理实践经验的总结。学校法治教学管理模式包含了对学校法治教学管理理念、管理步骤、管理结果的反思以及持续改进的策略。

学校法治教学管理模式在一定时期内具有稳定性，但这种稳定性是相对的，而非绝对的。所有模式都具有这种相对稳定性。随着依法治国实践的不断深入，社会对学校法治教学管理提出了更高的要求。因此，学校法治教学管理需要不断地总结新的实践经验，并提出适应新要求的管理模式。学校法治教学的管理人员，尤其是法治教师，不应被现有管理模式所限制。正确的做法是，既要尊重现有的法治教学管理模式，又要大胆创新，以适应不断变化的教育环境。

### 一、学校法治教学管理模式

#### （一）全面素质管理模式

全面素质管理模式是指在学校法治教学管理过程中，对人的各项素质进行全面管理，以促进人的全面发展的模式。人的全面发展是人的本质的全面发展，"人以一种全面的方式作为一个完整的人，占有自己的全面的本质"。马克思主义关于人的全面发展理论构成了全面素质管理模式的理论基础。在未来社会，如果劳动者的素质不全面，就可能被机器取代。因此，劳动者应全面提高自身的素质，包括法治素质。

全面素质管理模式可以从两个方面来理解。首先，就学校法治教学管理的被管理者而言，他们应认识到提高法治素质的必要性、重要性和迫切性，明确管理者的最终目的是教学对象的利益。一般而言，被管理者与教学对象是一致的，因此，被管理者应尽其所能配合管理者做好管理工作，将被动管理转变为自觉管理。其次，就学校法治教学管理的管理者而言，他们应设定明确的管理目标，这些目标要有利于提高被管理者的法治素质，促进人的全面发展。在教学管理上，管理者应具备广阔的胸襟和格局，不能片面强调法治素质的重要性，而应通过管理手段全面培养被管理者的各种素质。

全面素质管理模式的根本特征是强调尊重主体、崇尚个性、健全人格、提高综合素养。尊重主体意味着尊重被管理者，虚心听取被管理者的意见。这里的意见，既包括对学校法治教学管理本身的意见，也包括对学校法治教学的意见。管理者与被管理者之间，只有"闻道"先后的差别，没有人格上的差别，因此，管理者应该把被管理者当成与自己一样的人来尊重。在学校法治教学管理中，目标不是限制学习法治的人和下阶位的法治管理者，而是通过管理解放人的思想，促使人的个性发展，让每一个人都找准自己的定位，发现自己的兴趣，充分发展个人特长。

从人格心理学的角度而言，全面素质管理是为了培养被管理者拥有健全的人格。法治素质从微观上讲，是一个人的规则意识；从宏观上讲，是对万事万物规律的认识和遵循，对宇宙的"大道"的遵守和服从。人违背了规律会导致其在认识世界和改造世界上走向失败。因此，培养健全的人格，要从人的综合素质入手，要在学校法治教学管理的计划、实施、运行等各环节中体现出来。

人的全面素质管理要具体落实到人的全面发展上来，促进个人发展与社会发展的统一。在我国，社会个体化与个体社会化是统一的。只有个人发展了，才有社会的发展；同样，也只有社会发展了，才能保证个人发展。个人命运与国家、社会的命运密切相连，这在学校法治教学的全面素质管理模式中体现得尤为明显。

（二）民主管理模式

随着社会的不断进步，尤其是社会主义市场经济的发展，个人的自主性增强，在学校法治教学管理中采取民主管理模式已经逐渐成为学科管理发展的趋势。在我国，民主的学校法治教学管理模式，不仅是对学校法治教学管理规律的认识和遵循，还是由我国社会主义的经济基础决定的。我国民主的学校法治教学管理模式包含以下几个方面的含义。

1. 学校法治教学管理中的民主管理是一种制度

民主管理不仅是一种教学手段，更是一种制度，具有稳定性和科学性。学校法治教学管理模式是一种标准化管理，体现了学校法治教学管理规律。模式管理在一定条件下可以反复出现，并取得大致相同的效果。因此，在学校法治教学管理实践中逐渐产生了民主管理模式。作为一种体现教学管理规律性的科学管理模式，民主管理具有一定的权威性和约束性。

2. 学校法治教学管理中主体的广泛参与

在学校法治教学管理中，民主管理意味着参与管理的主体众多，包括法治教师、学生、学校的管理人员、家长，以及因特定的学校法治教学任务参与进来的社会机构和人员。这些主体都享有平等的管理权，即每个参与管理的主体都可以平等地发表自己的管理意见。在学校法治教学管理的众多主体之中，法治教师和学生是核心主体。所以，在一定程度上，学校法治教学管理的民主就是教师与学生之间的教学管理民主。这种教学管理民主主要通过教学行为体现出来，因此，学生参与学校法治教学管理主要体现为其在课堂上的主体性和积极性。

3. 学校法治教学管理中主体的相互配合

在学校法治教学管理中，各主体需相互配合与支持。学校管理人员在制定学校法治教学管理制度和进行日常教学管理时，要多与法治教师、学生沟通。法治教师在各主体中处于核心地位，应主动协调各方意见。学生既是法治学习的主人，也是学校法治教学管理的主人，要虚心听取法治老师、学校管理人员的意见。学校法治教学管理的一体化和各主体间的协调，是发挥学校育人功能的关键。学校法治教学管理主体的相互配合，不仅仅是教学管理上的一种自觉，更需要学校的教学制度来保障。只有把主体相互配合的精神，融于学校的各项管理制度中，才能建立有效的学校法治教学管理机制。

4. 学校法治教学管理中主体的相互制约

学校法治教学管理主体之间不仅是相互配合的，也是相互制约的，这是民主管理模式的特点。过分强调主体间的配合而忽视制约，可能导致管理缺乏深度和广度，妨碍学校特色和学生个性的发展。学校法治教学管理是为了培养有个性、有特色、有特长的人，而不是培养千篇一律的人。没有学校法治教学管理主体之间的相互制约，学生在法治学习中的个性发展就得不到支持。学校应该包容不同的管理方式和方法，把相互制约作为相互配合的有机组成部分，这也是民主管理模式的根本特点。学校法治教学管理各个主体之间的相互制约，不是相互抵消教学管理力量，其目的在于避免教学管理走向极端，减少育人过程中的错误。

5. 学校法治教学民主管理模式的开放性

学校法治教学的民主管理模式是一种开放的模式。开放性意味着学校法治教学的民主管理模式的具体实现形式是多种多样的。对现有的学校法治教学民主管理模式，应鼓励管理主体大胆探索和创新，以提升管理水平。开放性能使学校法治教学的民主管理模式保持活力，实现持续改进，从不足到完善，再到卓越。

任何一种教学管理模式，面对不断发展的社会和教育形势，尤其是面对教学对象不断增长的法治教学需求，都需要做出适时、适人、适地、适势的调整。先进的民主管理模式也需要不断突破旧有的定势而获得发展，这是教学管理模式与自然改造过程中形成的机械模式的重要区别之一。

## 二、学校法治教学管理模式的发展趋势

学校法治教学管理模式在未来到底是一个什么样的形态，只能根据社会的经济、政治、文化等众多因素的发展而确定。在马克思主义看来，历史的发展是必然性与偶然性的统一，是延续性与中断性的结合，这对于认识学校法治教学管理模式的未来趋势是适用的。

（一）职业化趋势

随着社会分工的发展，出现专门的职业经理人从事管理工作。在未来，学校法治教学管理模式也将出现职业化的趋势。学校法治教学管理模式的职业化包含以下几个方面的含义。

一是学校法治教学管理对专门知识的要求越来越高。学校法治教学管理的专业性要求管理者具备相应的专业知识。没有这些专业知识，管理者将很难胜任学校法治教学的管理工作。

二是要求有专门从事学校法治教学管理工作的人员。发展趋势显示，开始时由法治教师兼任管理工作，但随后逐渐分离出一部分人员专门从事学校法治教学管理。这种变化将带来学校法治教学管理模式和教学形式的重大变革。

三是学校法治教学管理具有专业性。学校法治教学管理将被视为一门科学,需要深入研究其与其他教学管理的不同之处,并探索学校法治教学管理独立存在的必要性。学校法治教学管理职业化,不仅对学校法治教学管理具有价值,而且对学校法治教学也具有意义。学校法治教学管理的职业化是社会发展的必然结果,由学校法治教学规律决定。

### (二)柔性化趋势

学校法治教学管理模式正朝着柔性化的方向发展,这一趋势体现在以下几个方面。

一是学校法治教学管理更加重视以人为本。以人为本是学校法治教学管理的宗旨,未来这一理念将更加明显地体现在管理的各个环节和领域。人的需求、发展、幸福和和谐相处将被视为学校法治教学管理的终极价值。换言之,如果忽视了人及其需求,学校法治教学管理本身就失去了存在的意义。

二是学校法治教学管理更加灵活。学校法治教学管理在遵循法律法规的基础上,将原则性与灵活性相结合。灵活性不是对原则性的削弱,而是在不同情境下更好地体现原则性。随着对学校法治教学管理规律更深入的理解和应用,管理的灵活性将变得更加显著。

三是学校法治教学管理更加注重文化建设。在未来,学校法治教学管理与学校法治教学文化高度融合,在"悄无声息""润物细无声"中实现对学校法治教学对象的管理。

学校法治教学管理模式走向柔性化,不是对学校法治教学管理"硬性"指标的破坏,而是社会的一种进步。柔性化管理是学校法治教学管理发展的趋势,这是学校法治教学管理发展规律的体现。学校法治教学管理模式的柔性化实质上是学校法治教学管理更加人性化的体现,体现了人的本质需求在管理过程中的重要性。

### (三)智能化趋势

通信技术的进步、大数据的应用、区块链技术的发展,尤其是人工智能的崛起,正在深刻地改变社会和人类生活,对教育和教学的影响日益增大。科技因素越来越多地渗透到教学和管理中,学校法治教学管理也不可避免地受到科技的影响。未来,学校法治教学管理模式将朝着智能化的方向发展,许多原本由人执行的管理任务将由人工智能接管。

智能化的学校法治教学管理模式能够显著节约管理资源,降低成本,实现更加客观的管理。与人类管理相比,智能化管理能够减少人为因素的干扰,促进管理的公平性和公正性,提升管理效率,从而增强学校法治教学的效果。

学校法治教学管理模式的智能化发展,对传统管理模式提出了巨大的挑战,同时也带来了前所未有的机遇。因此,无论是理论研究者还是实际管理工作者,都应转变观念,克服困难,加强学习,以应对这些挑战;要积极参与智能化学校法治教学管理模式的研究与开发,利用更先进的人工智能技术来优化现有的管理模式。尽管目前学校法治教学管理模式智能化还面临许多问题,但科技的发展、人们对法治需求的增长,以及法治管理自身的进步,为智能化管理提供了强大的动力。

（四）国际化趋势

国际化是一种大的趋势,随着经济和社会的发展,跨国文化交流是一种必然趋势,其中也包括教学管理文化的交流。学校法治教学管理模式的国际化是指在学校法治教学管理中,国与国之间的交流合作与人员往来。依法建立和治理法治社会,不仅是中国发展的趋势,而且是世界各国发展的趋势。为了培养具有国际视野的法治人才,学校法治教学管理需要在国与国之间进行互相学习和优势互补,以提升本国的学校法治教学效果。

学校法治教学管理模式的国际化是指管理理念、视野、内容和手段的国际化。学校法治教学管理模式的国际化,首先是管理理念的国际化。在学校法治教学管理中,各国之间要相互尊重,相互学习,并相互借鉴先进的教学管理成果,拓宽国际视野,避免闭关自守和自满。在学校法治教学管理的内容、手段等模式上,不同国家应相互学习,把握教育教学国际化的大趋势,站在构建人类命运共同体的高度,规范学校法治教学管理行为,积极促进人员、学术和资金的交流。

（五）民族化趋势

学校法治教学管理模式在追求国际化的同时,也强调民族化。民族化意味着我国的学校法治教学管理要融入中国特色,与中国独特的教学管理文化传统相结合,立足于我国优秀的教学管理文化传统。也就是说,教学管理应体现中国风格、气派和特色。学校法治教学管理模式的民族化与国际化是统一的。具有民族特色的内容更易于在国际上展现其价值,而国际化的过程中吸收其他国家的优秀管理经验,也能进一步强化民族化特色。

学校法治教学管理模式的民族化,不仅要基于我国传统的优秀文化,还要以中国共产党成立以来积累的教育教学文化经验为基础，构建具有中国特色的学校法治教学管理模式。我国的学校法治教学管理要立足于人民，全心全意服务人民。

总之，在学校法治教学管理模式民族化的发展趋势中，我们应有文化自信、道路自信和民族自信。要充分发挥法治教师、学校管理人员、教学对象的积极性、主动性和创造性，紧密结合实际情况，展现新时代教学管理的特点。我们相信，在不久的将来，我国的学校法治教学管理将在世界教育管理史上占据重要地位。

# 第十章  学校法治教学中的道德与法治

学校法治教学不仅涉及法治教学，还涉及道德教学。现行中小学义务教育教材的学校法治教学内容归属于"道德与法治"课程，高中阶段有"思想政治"课程。在高校的公共思想政治理论课程中，学校法治教学内容归属于"思想道德与法治"课程。高校除了专门的法学专业教学外，还开设"法学概论"课程。中小学除了涉及法治知识的课程外，还通过法治教育讲座对学生进行教育。学校法治教学研究，不能回避道德与法治关系问题的研究。道德与法治内容的安排是否合理、二者应占的比例、二者的定义、二者的关系、教学方法的特点以及未来的发展趋势等都需要研究。

## 第一节  道德与法治概述

### 一、道德

道德是社会意识形态的重要组成部分，它由经济基础的决定。不同的经济基础孕育不同的道德观念。在我国，社会主义的公有制经济塑造了具有社会主义特色的道德体系；而资本主义的私有制经济则形成了与之相应的道德观念。集体主义在社会主义道德观念中占据核心地位，而个人主义则是资本主义道德观念的典型特征。因此，在这个世界上存在着性质根本对立的道德观念。要巩固和发展社会主义道德，必须维护和发展社会主义经济基础，增强国有经济的力量，同时对资本进行合理引导和限制，防止其无序扩张对社会和民生造成负面影响。

道德规范是指导人行为的准则，其实现主要依赖于个人的自觉性。此外，社会舆论、文化、风俗习惯等外在因素也对道德实践产生影响，但这些影响必须通过个人的内心自觉才能发挥作用。这是道德规范与其他社会规范的显著区别。

道德的好坏标准随社会、阶级、群体、国家和时代而异。一种行为在一个群体中可能被视为道德的，而在另一个群体中可能被视为不道德的，这体现了道德的相对性。然而，道德的存在对于社会和个人总是有影响的，这是道德的绝对性。一般而言，能够推动社会进步、促进文明发展、为大多数人谋福利的道德被认为是好的道德。好的道德能够提升人的尊严，使生活更加丰富多彩。相反，违背社会历史规律、压抑人性、仅为少数人或群体服务的道德则被视为坏的道德，它可能导致生命的活力受到抑制。

道德起源于生产实践。为了保障个体的生存和社会的持续发展，人们在相互交往中形成了一定的规则，这些规则逐渐演变成了道德。生产实践是道德产生的基础动力，因此，对道德的研究离不开对人的生产实践活动的考察。生产实践源自人的生存和发展需求，深入了解人的生存愿望和环境，有助于我们理解道德产生的原动力。在人际交往和合作中，为了和谐共存，人们需要克制自我，考虑他人，这正是道德发挥作用的地方。

源于生产实践的道德与人的欲望、快乐、理性、幸福等密切相关。欲望是人的生物本能，它可以是理性的，也可以是非理性的。欲望本身并不直接关联道德，但符合理性、不妨碍他人和社会的利益的欲望，可以被视为是正面的道德表现。道德本质上与快乐相关，它追求的是一种长远的、积极的幸福感。这种追求要求人们在面对短期快乐时有所节制。

理性是对事物规律的认知和判断，道德与理性是相一致的。道德是对非理性冲动的抑制，远离非理性冲动可以带来更持久的快乐。当然，有时非理性冲动可能会带来短暂的快乐，但这种快乐不是永恒的，人应当追求更高层次的满足。道德与理性的一致性体现了善的本质。道德的实践是人类追求至善的过程，至善是人类理性的终极目标，也是道德的最高境界。遵循正确的"道"，即正确的生活方式和行为准则，可能带来"德"，"德"在这里可以理解为"获得"，意味着通过遵守道德，人能够实现生存和发展，社会也因此得以进步。

## 二、法治

法治是指依照法律、法规进行治理。从字面意思不难理解法治的含义，问题是要理解法治的实质并不简单。

法治是近代资产阶级革命的产物，在反对封建势力的过程中，资产阶级催生了近代法律，并依照这些法律对社会进行治理。但并不是所有的依法治理都能称之为法治，法律的存在并不等同于法治的实践。在奴隶社会和封建社会，虽有法律，但缺乏法治。法治建立在法律规定面前人人相对平等的基础之上，它与封建等级特权根本对立。在资本主义社会，市场是决定性的力量。为了维护市场秩序，相应的法律应运而生，依照这些法律进行的治理即是法治。在我国的生产中，人与人是一种平等的关系，我国的依法治理也是一种法治，这种法治在某些方面被认为比资本主义法治更为高级，因为它基于不同的生产关系和社会价值观。

法治的基础是市场经济。要发展社会主义法治，必须大力发展社会主义市场经济。我们不应只看到市场经济的消极面，而忽视了它的积极作用。从法治产生的根本意义上讲，没有市场经济就没有法治。社会主义市场经济的发展为社会带来活力，也为社会主义法治建设提供了动力。

法治的实质是民主。社会主义法治是人民意志的体现，其实质是社会主义民主。社会主义民主就是人民当家作主，民主不需要包办代替，而是逐步完善的发展的过程。因此，社会主义的法治也是一个不断发展和完善的过程。

法治要建立在尊重民意的基础上。法律的制定、修改、废止以及实施都要反映民意。法治建设的过程就是公民民主意识不断产生的过程。在发展社会主义民主的过程中，难免会遇到各种各样的曲折，这是社会主义法治建设所必须经历的阶段。只要我们坚定不移地坚持和发扬社会主义民主，把民主的思想、意识和实践渗透到社会生活的每一个环节，社会主义法治的坚实基础就能得以建立。

法治的核心是良法善治。法治的存在首先依赖于法律本身，没有法律就没有法治。法的性质是治理的根本。法律应反映人民的利益，其制定过程必须合法，最关键的是法律要符合人性，要满足人的需要，有利于人追求快乐和幸福，这就是人们通常说的良法。社会主义法律在本质上是良法，为我们治理社会提供了坚实的基础。但是，徒法不足以自行，即便是有了良法，也不一定就必然产生良好的治理结果，这就需要善治。善治是对治理过程性质的正向评估，是治理的最高目标。善治涉及很多因素，除了良法以外，还包括用人、制度建设、资金投入等。不当的用人会导致治理失败，没有制度保障的善治也无法持久。这意味着法律和制度本身也需要良好的制度建设，立法过程必须纯洁，以保证法治不被污染。资金投入和硬件设施建设是善治的物质基础，没有稳固的基础，善治就无法实现。

## 三、道德与法治的关系

### （一）道德与法治的一致性

道德与法治在功能上具有一致性。它们都是人类社会的两种重要现象，虽然表现形式不同，但在长期历史发展中，都与人类文明的进步和个人的生存发展紧密相连。在现代社会，个人的成长和社会的进步既需要道德的指引，也依赖法治的规范，两者相互配合，共同推动着社会和个人的发展。简单来说，法治触及不到或不适宜介入的领域，如私人生活、友谊、爱情等，需要道德来发挥作用；而在道德难以规范的领域，如某些犯罪行为，法治也必须介入。

一般而言，道德的调节范围比法治更广。道德和法治在很多功能上是相似的，它们都能调节个人与他人、社会、国家之间的关系，都具有维护社会秩序的作用。道德和法治对于个人和社会发展来说，就像"鸟之两翼""车之两轮"，缺少任何一个，社会就会失去平衡，个人也可能迷失方向。这也是为什么我们既要强调依法治国，也要强调以德治国的原因。

道德与法治互为补充。在社会生活中，法治能解决大部分问题，但在法治尚未覆盖或不适宜介入的领域，道德就显得尤为重要。道德对法治具有补充作用，尤其是在社会生活和私人空间不断拓展的今天，如果立法未能及时跟进，道德就必须发挥作用。同样，在一些领域，如果仅依靠道德调节可能有所不足，这时候就需要法治来发挥其权威作用。特别是在当前时代，随着国际竞争的加剧和国内改革开放的深入，法治的重要性日益凸显。

### （二）道德与法治的区别

1. 道德与法治的来源不同

道德源自人们在日常生活中形成的习惯、生产劳动的传统习俗，以及历史长河中沉淀下来的文化传统。它是通过人与人之间的相互交往和约定俗成形成的，通常不具有法律那样的正式性和强制性。相反，法治基于国家权力机关依照法定权限和程序制定的法律，这些法律体现了国家的意志，并以国家的强制力为后盾，确保其得到执行。

2. 道德与法治调整的领域不同

道德的调整领域十分广泛，不仅涵盖个人的私德，如友谊、爱情、亲情等私人关系,还包括公德,即涉及社会公共领域的道德规范。法治的调整领域则相对更为集中,通常限定在对国家运作至关重要的领域,如国家的根本制度、社会制度、经济制度、政治制度,以及保障人民的基本权利和义务。值得注意的是,道德的要求往往高于法律的要求,例如,对共产党员的纪律和共产主义觉悟的要求,就体现了比一般法治要求更高的道德标准。尽管道德与法治各有其调整领域,但这并不意味着两者是完全分离的。在现实生活中,许多行为同时受到道德和法律的约束,如对国家的热爱、维护国家领土和主权的完整、对执政党的拥护等,既是道德的要求,也是法律的要求。法律的普遍约束力意味着法律面前人人平等,无人能够享有超越法律的特权。而道德的领域则更为广泛,它不仅指导个人行为,还影响社会风气和文化发展。

因此,为了丰富道德的内容和提升其影响力,需要加强道德建设,推动社会习俗的变革,尤其是加强文化建设。同时,法治的发展也不容忽视,必须不断完善社会主义法治体系,确保法律的公正性、透明性和有效性。正确理解和区分道德与法治的调整领域,有助于我们在面对具体问题时,能够更加合理地运用道德和法律两种手段,促进社会的和谐与进步。

3. 道德与法治的强制程度不同

一般而言,道德的强制力相对较弱,主要依赖于个人的自我反思、自我觉悟和内心的愧疚感。这种强制力因人而异,总体上显得较为宽松。有些人对于不道德的行为可能会感到深刻的愧疚,从而受到较大的内心强制力;而其他人可能只有轻微的愧疚感,或者根本没有愧疚感,其强制力相应较小或缺失。相比之下,法治的强制力则要强大得多。法治基于法律的规定,这些规定是明确和固定的。对于同样的违法行为,法律通常会给予一致的处理和相应的处罚,其强制程度是统一和确定的。例如,在刑法中,对于严重的犯罪行为,可能会判处长期徒刑、无期徒刑甚至死刑,这些都是强制力非常大的处罚。此外,附加刑如剥夺政治权利或高额罚款等,也是相对严厉的措施。了解道德与法治在强制程度上的差异,有助于我们预测自己或他人行为可能面临的处罚程度,从而更好地遵守道德规范和法治秩序。

4. 道德与法治的实施手段不同

道德的实施主要依靠个人的道德自觉、社会舆论、习俗和教育等"软"力量。这表明道德是一种内在的义务规范,个人可以独立于他人而遵守。道德的实施虽然也需要舆论、文化和教育等外在的"软"力量,但这些力量必须通过个人的内在认同才能发挥作用。而法治的实施则主要依靠国家的"硬"力量,如警察、法庭和监狱等国家机器。这意味着，违反道德规范可能不会直接受到法律制裁，但违法行为很可能会同时受到法律和道德的双重制裁。道德与法治的实施方式不同，并不是说我们可以忽视道德的重要性，而是强调，在我国，道德作为一种"软"力量，鼓励每个人自觉遵守社会主义道德规范；而法律作为一种"硬"力量，要求人们严格遵守，对不遵守的行为将由国家暴力强制执行。

5. 道德与法治的存在方式不同

在现代社会，道德的载体是道德规范，这些规范体现在人们的日常生活和生产劳动中，并通过人与人之间的交往展现出来。特别是当个人利益受损，需要处理与他人、集体、国家之间的关系时，个人的道德最为凸显，这提供了观察道德存在的绝佳时机。法治的载体是法律，它主要通过法律的实施和制度的健全及执行来体现。制度的健全和有效执行是法治的重要组成部分。法治的作用在于通过法律和制度维护社会秩序、惩罚违法犯罪，鼓励人们追求美好生活，保护国家和集体利益，巩固国家的基本制度。

综上所述，在中国传统社会中，道德教育常被称为修身。法治的核心则是民主之治。道德与法治都体现了对规律的认识、遵从和把握。人对外部世界规律的认识与对内部世界即人自身规律的认识是一致的。对自身规律认识的提高推动了对外部世界规律的认识，反之亦然。道德关注内在修养，法治关注外在秩序，二者相辅相成，共同促进社会发展。从学校教学课程的名称演变来看，义务教育阶段的政治课程的名称经过多次更改，最终确定为"道德与法治"，高中阶段课程确定为"思想政治"，高校的政治理论课程"思想道德修养与法律基础"也演变为"思想道德与法治"。这表明，从小学至大学的思想政治教育内容正逐步稳定在道德教育与法治教育的融合上，这既是我国教育教学事业发展的体现，也是人们对社会发展和人的发展规律认识的深化。道德与法治不是抽象的概念，而是现实社会中的实际存在。它们实实在在地影响着我们的生活、社会、国家乃至世界。

## 第二节 学校法治教学的德法并育

以学校教学论的视野来观察、研究道德与法治的教学内容是基于道德与学校法治教学内容一体化的思考。之所以要这样思考，一方面是因为现行大中小学道德与法治的教学内容往往融为一体，用联系的思路安排教学设计是教学实践和大多数教师的选择；另一方面是因为道德与法治教材相互融合，能最大程度地节约教学资源、降低教学成本、提高教学效益。从社会实践的角度看，人们生产、生活中的各种道德问题、法治问题往往是联系在一起的，违背了法律、破坏了法治，一般也违背了道德。从育人的角度讲，人既需要道德素养，也需要法治素养，采用德法并育的方式，才能促进人的全面发展。简言之，德法并育就是道德与法治一起培养人才。在新时代，就是指道德与法治相融培养社会主义新人。

## 一、德法并育的缘由

2020 年，中宣部和教育部联合发布了《新时代学校思想政治理论课改革创新实施方案》，将"思想道德修养与法律基础"课更名为"思想道德与法治"。此外，自 2016 年起，义务教育阶段的政治课程也已更名为"道德与法治"。这些课程名称的变更，不仅标志着教育内容的演进，也反映了我们对学校法治教学规律和道德教学规律认识的深化。

道德教学与法治教学在学科发展中呈现出既分化又综合的趋势，这符合学科发展的普遍规律。目前，我国的道德教学与法治教学正朝着综合化方向发展，这种趋势在学校教学中体现为道德教学与法治教学的融合，即所谓的德法并育。

### （一）德法并育的理念来源

德法并育的理念基于道德现象和法治社会现象的内在联系。道德和法治作为两种社会现象，均受社会经济基础的决定，并相互影响。在道德与法治之间，必须以道德滋养法治精神、强化道德对法治文化的支撑作用。道德与法治虽有区别，但它们是相辅相成的，人为地将它们分开不利于实际问题的解决。因此，学校教学中应坚持道德与法治的一体化教学，以提升教学质量。德法并育并不意味着道德与法治的简单混合，而是要在认识它们之间联系的基础上，理解它们的区别。在学科发展的过程中，道德教学和学校法治教学的独立化、精确化，实际上推动了它们向一体化、综合化的方向发展。

### （二）德法并育由育人规律决定

在培养人的过程中，道德教育和法治教育相互融合，共同发挥作用。在育人过程中，既要培养人的道德素养，也要培养人的法治素养，二者不可偏废。

当然，育人还包括其他社会因素养的培育。从育人的规律来讲，人的成长问题，包括日常生活问题、社会问题等，既可以从道德的角度分析，也可以从法治的角度分析，还可以从综合的角度分析。但最终，这些分析都服务于一个人的成长。在教师的实际教学中，往往把道德教学与法治教学融为一体，特别是在中小学低年级教学中，学生的认知水平尚未发展成熟，对道德问题和法治问题不宜过多或过严格地区分。只要能够提高学生的成长素养、培养社会所需的人才，就达到了教学目的。

（三）德法并育由现阶段的教学现状决定

目前，中小学没有专门的法治教师，学校法治教学主要由学校的其他教师担任。这种现状为道德与法治的融合教学提供了基础。由于高等教育专业结构的限制，法治教师的专业背景通常不够强。现阶段，法学专业、思想政治教育专业和教育专业培养的人才，是大中小学法治教师的主要来源。此外，还有一些其他专业的教师临时转岗负责学校法治教学。从培养法治教师的专业设置来看，目前还不足以全面支撑学校法治教学的需要。因此，法治教师来源的广泛性，为道德与法治的融合教学提供了条件。

（四）德法并育是学生发展的实际需要

在学生的成长过程中，道德知识和法治知识都是不可或缺的。德法并育正是由学生成长的需求所促成的，这种需求得到了教育政策、教学现状等多方面因素的支持。

## 二、德法并育的价值和意义

（一）德法并育的学术价值

在现代学校法治教学视角下研究德法并育问题，不仅能拓宽德育学科、法治学科、教育学科的发展，加深人们对道德问题和法律问题的认识，还有利于德育与法治学科的交叉融合，促进新兴学科的产生，繁荣哲学社会科学事业。

德法并育的研究需要从学术角度探讨多个方面：为何要进行并育、并育包含哪些内容、如何实施并育，以及德法并育的规律和条件是什么。这些研究将有助于推动教育学科的进步。

一方面，从传统与现实交汇的具体情况看，我国由于深受传统的影响，缺乏现代法治传统。在现代社会，面对西方法治的影响，如何将外来的法治理念与中国传统文化和道德观念相结合，形成具有中国特色的法治体系，是一个需要学术探索的问题。不研究这个问题，现代法治与中国社会可能会处于分离状态。要解决中国现代社会法治建设的根本问题，就不能回避中国传统道德的研究。我们需要从学术上研究法治与道德之间的内在联系，尤其是在全面依法治国的背景下，研究德治与法治的契合点，为我国现代德育学科和法治学科的结合发展做出新的贡献。

另一方面，新的教学实践为研究德法并育提供了良好的契机。在以往，学校的道德教学和法治教学条块分割，现在，在同一课程中，教师既要完成道德教学任务，也要完成法治教学任务，学生的学习也随之变成道德与法治结合的综合性的学习任务。义务教育道德与法治课程的设置，改变了以往只重视道德教育、忽视法治教育的状况，把道德教育与法治教育融合起来。① 在大学的公共政治理论课中，道德教育与法治教育也实现了融合。现代学校法治教学中，道德与法治知识不再是简单的拼凑，而是有机的结合。这就要求我们在同一个学习材料中既要挖掘道德知识，也要挖掘法治知识。特别是当学习材料中的法治知识不明显时，就需要我们进行更深入的研究。总之，研究这些问题有助于正确把握德育与法治的学科联系，推动学科教学向纵深发展。

（二）德法并育的实践意义

1. 提高教学质量

教学质量是学校教学工作的中心，没有高质量的教学，德法并育就无从谈起。一方面，如果只教授道德知识或法治知识，学生可能难以清晰掌握知识，因为缺乏比较视角。德法并育能够克服单一教学的不足，加深学生对知识的理解，为学生素养的提高打下坚实基础。另一方面，培养学生的法治素养需要明确区分法治与道德，这是形成个体法治素养的前提。德法并育并不是要模糊二者的区别，而是要在明确不同的基础上把握联系，实现一体化育人。

2. 提高学生的能力

社会生活既涉及法治，也涉及道德，没有综合的德法知识，很难解决实际问题。德法并育有助于增强学生的综合能力，避免单一教学导致的能力和视角

---

① 冯建军. 道德教育与法治教育的融合：为何、以何［J］. 北京教育（普教版），2021（11）：33.

局限。特别是在传统文化影响较深的情况下，不少人容易受到"道德绑架"，这种绑架可能是由他人或环境长期影响所致，也可能是自我意识形成的结果，无论哪种情况，都反映了缺乏道德与法治一体化思考和解决问题的能力。德法并育能够在一定程度上避免这种偏颇。

3. 培养治国理政人才

依法治国和以德治国都是我国的治理方式，国家治理、社会治理以及各个行业的治理都需要复合式的人才。德法并育既强调道德素养的培养，也强调法治素养的培养。在治国理政素养的培养过程中，法治素养的培养尤为重要。为了避免走向道德极端或严刑峻法的极端，必须坚持德法并育，在社会上培养契约精神和契约素养。德法并育是培养契约精神和契约素养的有效方式。

## 三、德法并育的内容和实施

### （一）德法并育的内容

德法并育就是道德教学与学校法治教学融为一体，这包括主体、目标、内容上的融合。①

1. 主体融合

这是指学校的法治教师与道德教师可以相互担任教学任务。教学主体应同时具备道德教学和法治教学的专业素养。在我国，主要由大学中的思想政治教育专业、法学专业和教育专业来培养这些教师。目前，主体融合缺乏综合型人才支撑。改革的路径是调整现有的思想政治教育专业结构，加强对学生的道德与法治融合的专业训练。

2. 目标融合

这指的是育人目标上的一致性。在我国，无论是对学生进行道德教学还是法治教学，两者虽然专业分工不同，但育人目标是相同的——都是为了培养合格的社会主义建设者和接班人。

3. 内容融合

道德教学与法治教学内容上的融合强调二者在知识、理论和实际生活上的内在联系。这种联系是基于道德与法治在知识、理论、实际生活上的相互联系

---

① 冯丹红. 青年德育与法育有效协同的实施路径 [J]. 人民论坛，2021（36）：89.

决定的。

(二)德法并育的实施

目前,我国在教材设置上已经注意到了这种联系,并将道德教学与学校法治教学整合为道德与法治课程,这标志着教学融合迈出了重要的第一步。为了进一步推进内容融合,我们应做到五点。

1. 要转变教学观念

在过去,单纯的道德教学或者学校法治教学或许能满足学生和社会的需要。但现在,随着社会对综合素质要求的提高,教学需要强调道德与法治的内在联系,并从融合的角度教授相关知识。为了真正实现教学观念的转变,教师和管理者必须深入社会,了解社会的复杂要求,加强学习,深入领会道德与法治的内在联系,并积极参与教学实践,以检验和完善教学理念。

2. 要加强制度建设

国家需要出台系统的道德与法治融合教学政策,进行教育教学上的立法。只有完善教育法治,加强教学立法,教师才能有法可依、依法从教、依法治教。制度建设应包括确立道德与法治在教育教学中的地位、明确基本教学方法和监督机制,以确保德法并育的有效实施。

3. 重视学校的作用

德法并育最后的落脚点是学校,因此,学校的教学管理人员和教师在教学中要具体落实德法并育的规定。德法并育,从教学理念到教学制度,再到教师的教学内容和教学方法,这些环节是相互联系、紧密相扣的。教师要研究教材,尤其是在德法并育的教材体系尚不完善的情况下,要发挥主观能动性,补充教学内容,通过备课环节把德法并育的教学内容整理清楚,提高教学实效性。

有关教学研究单位、各级学校的教学研究部门要定期举行德法并育研讨会,探讨教学实践和学术问题。法治教师之间、法治教师与其他教师之间要加强交流,相互学习、取长补短。法治教师不仅要注意校内交流,也要注意校外交流,扩大德法并育的教学视野,还要明确教学目标,重视学生规则意识培养,加强实践教学,采用生活化教学策略,强化学习体验,加强道德与法治课程资源开发,促进课程内容融合[1]。

---

[1] 丁晶,林巧丹. 深度学习视野下的小学《道德与法治》德法融合教学实践研究[J]. 宁德师范学院学报(哲学社会科学版),2021(4):113.

4. 培养学生的兴趣

培养学生的兴趣是德法并育中的重要环节，有了学习兴趣，学生就会主动探究其中的各种问题。教师要把德法的知识讲"活"，培养学生的学习兴趣，通过生动的教学案例，激发学生思考，要讲清德法并育对学生自身成长和未来参与社会生活的重要性，通过各种教学手段，尤其是现代科技手段，如多媒体、5G、人工智能等，调动学生学习的积极性，鼓励学生自己解决在德法并育过程中遇到的困难，从克服困难的过程中不断增强自信心。

5. 加强教学评估

教学评估是推动教学活动开展的有效手段。德法并育的评估不仅要考核学生的知识掌握，更重要的是全面评估育人效果。学校的教学评估归根到底是要看学生的道德素养和法治素养是否有所提高，学生是否能够运用道德和法治知识解决实际问题。通过教学评估，教师可以改进教学方法，提高教学质量，切实加强德法并育。

在德法评估时，应注意以下几个方面：教学评估要与学校、班级的具体情况相结合；要将过程性评估和诊断性评估相结合；评估应紧跟新时代的教育要求，研究和解决在评估过程中出现的新情况和新问题；评估学生知识的掌握程度相对容易，但评估学生的道德境界和法治信仰则更具挑战性。

人的发展是动态的，这就增加了评估的难度。面对评估的复杂性，需要加强研究，认真对待评估过程，并大胆创新评估方法。评估结果应用于指导教学实践，促进教学方法的改进和教学质量的提升。通过这些措施，德法评估可以更加全面和深入地反映学生的学习情况，促进学生的全面发展。

## 第三节　德法并育的教学策略与方法

道德与法治融合，如果仅仅是一种教学理念是没有任何意义的，关键是要把理念转化为具体的教学方法。德法并育教学方法的研究受制于众多因素的影响，其方法本身也具有多重层面。

### 一、德法并育的教学策略

道德与法治融合不能停留在教学理念上，而应具体体现在教学内容的处理上。以下是几种常见的教学策略。

（一）材料互挖法

在道德教学和法治教学中，教师面对的学习材料丰富多样，这些材料可以说明不同的问题，如政治问题、经济问题、文化问题、社会问题、人口问题、儿童问题、青年问题、教育问题、心理问题等。同样的材料，不同的教师根据不同的教学对象和要求，会有不同的使用方式。要实现道德与法治的融合，教师需要深入挖掘教学材料，使材料既能提供道德启示，也能提供法治启示。

材料互挖法要求从道德材料中挖掘法治内涵，从法治材料中挖掘道德内涵，这一过程应自然合理，具有说服力。这种方法对教师的思维能力、学习广度和深度、教学理念和方法提出了一定要求，但只要教师具备德法并育的自觉意识，并通过不断努力，就能有效地运用这一方法。

（二）内容互接法

内容互接法是指教师对教材内容进行恰当处理，以实现道德与法治内容的平衡。具体做法是在道德内容后补充法治材料，或在法治内容后补充道德材料。内容互接应根据学生的学习情况、教学要求和社会需求来定。这是教师对教材的再创造，体现了教师的主观能动性。内容互接应遵循课程标准和培养目标，可分为异质互接和同质互接。异质互接是将不同教学内容和材料进行组合；同质互接则是对相同材料和内容进行拓展和深化。

（三）法德互化法

法德互化法是指道德问题法治化、法治问题道德化，即从法治的角度讲道德内容，从道德的角度讲法治内容。这种方法要求教师对同一材料进行正向和逆向使用，挖掘出一种新的教学含义，这种含义是通过教师的思考合情合理赋予的。例如，见义勇为的道德行为中蕴含的法治内容，如生命权的法律保护、正当防卫等；或者从道德角度探讨法律原则，如诚实守信。法德互化法有助于道德教学与法治教学的有机统一，对培养学生的思维能力和解决实际问题的能力具有重要意义。

## 二、德法并育的方法

德法并育既是当代教育思想的一部分，也是一种具体的教学方法。它以马克思主义为指导，坚持辩证唯物主义和历史唯物主义的立场。德法并育的教育思想既扎根于中国，又面向世界，在教学实践中不断得到丰富和发展。

在具体实施德法并育的方法时，应根据教学目标和教学材料来选择适当的教学策略。道德教学与法治教学的融合育人，并不意味着教学方法上的简单混合。这种融合是指在材料组织、教学结构安排、教学内容解读等方面的有机结合，而不是在方法上模糊不清。当然，这也不意味着道德教学方法与法治教学方法不能相互借鉴。实际上，根据不同的教学材料类型和具体的教学目标，选择相应的教学方法可能会更加有效。

（一）道德教学方法

1. 价值冲突法

价值冲突法是一种教学方法，它针对学生在面对具体情境时因认知、利益、家庭、社会、经济、政治等多种因素导致的价值观念矛盾和冲突。在这些情况下，学生往往需要做出选择。教师应抓住这些机会，因势利导，进行道德教育。价值冲突法之所以有效，是因为个人的品德在面临利益冲突时表现得更为明显，而道德教育在这种时刻也最为关键。

价值冲突是社会生活中不可避免的一部分。在剥削阶级社会中，人与人之间、人与社会之间的冲突可能是不可调和的。而在社会主义社会中，人与人之间、人与社会之间的矛盾是可以化解的。教师应教育学生在面对冲突时，优先考虑整体利益和长远利益，同时兼顾短期和局部利益。解决价值冲突的最终目标是培养奉献精神和牺牲精神，这与资本主义国家的道德教学方法有本质区别。

价值冲突法与西方流行的价值澄清法不同。价值澄清法认为没有一套公认的道德原则和价值观，教师只能通过分析评价帮助学生形成适合自己的价值观；而价值冲突法则强调在学校道德教学中弘扬集体主义、社会主义和国家利益，反对个人主义和自由主义。为了避免空洞的说教，我们可以在方法上借鉴价值澄清法的一些有效做法。

2. 榜样法

榜样法是一种以值得模仿的人为范本的教学方法。榜样是一个时代的英雄，是人们学习的对象。学生在学校的学习生活中，有许多学习、表现都比自己优秀的学习对象，这些对象是学习的榜样。教师要帮助学生分析和理解身边的榜样，并鼓励大家学习，以便在德法并育中取得更好的效果。

在法德并育中，教师要善于发现和树立班级教学中的榜样，积极宣传榜样的先进事迹，充分发挥榜样在学生成长中的道德模范作用。同时，教师应帮助学生理性分析榜样，认识到榜样也是有缺点的，也是在不断发展变化的，这样的榜样才是可亲可敬的，才是值得学习的。

在道德教学中，教师要让学生充分认识到国家和集体榜样的重要性，反对一些不负责任的网络和媒体"唱衰"榜样，诋毁我们民族的英雄和国家各行各业的榜样。

榜样是社会的先进代表，是每一个人积极进步的标杆，我们每一个人应积极向这些标杆看齐，社会才有正气，国家才有希望，民族才有未来。

3. 内省法

内省法是重要的道德教学方法。它教会学生如何在教学过程中自我反思，审视自己的行为和成绩，从而吸取经验教训，提升自身的道德品质。自我反省是一个重要的过程，它并非孤立发生，而是需要教师的指导、监督以及他人的支持。

内省的过程涉及几个核心问题：为何内省、如何内省以及内省的标准是什么。内省的实践需要一个适宜的环境。教师应创造一个宽松自由的学习氛围，并以身作则，鼓励学生进行自我反省。

4. 激励法

激励法是指对有突出事迹的人给予物质和精神奖励的教育方法。在教学中，教师对认真听讲、积极思考问题、学习进步明显、做好人好事或者取得其他成绩、有突出表现的学生，要及时给予肯定。对优秀学生、有进步的学生，要在班级表扬，也可以提请上级部门在一定范围内表扬，还可以给予一定的物质奖励。

激励法是道德教学中使用的方法。道德可教，但不是止步于道德知识的学习，而是把学来的道理，用在提高个人的道德修养和为他人、社会服务上，激励法证明道德可"教"，但是，又不同于一般的"教"知识。

使用激励法需要注意以下几点：

一是及时性。如果错过了最佳激励时机，激励法的效果就不明显。

二是针对性。根据对象和情境选择合适的激励方式。

三是合理性。要确保激励有充分的理由，如果教育对象事迹并不突出，就不能激励。

四是平衡性，将激励与惩罚、表扬与批评相结合，以培养负责任的个体。

此外，教会学生自我激励同样重要，这将为他们的成长提供持续的动力。

5. 修炼法

在国外，不少人用修炼法提高道德水平，取得了较好的效果。中国的不少培训、健身机构，也使用修炼法锻炼学员的心理、身体素质。修炼法与内省法类似，却不同于内省法。内省是依照一定标准的自我分析、评判、审查，而修炼有一定的要求，要调整人的身体的姿态、呼吸状态、肌肉状态、思虑情况。教师可利用课间时间进行短暂的静坐，帮助学生放松身心，提高学习效率。对于考试紧张或人际交流焦虑的学生，修炼法也能提供有效的缓解。教师应了解一些修炼的基本知识，如站桩、调息等，以更好地指导学生。

（二）法治教学方法

法治教学方法，前面已有专章论述。为了本章内容体系的完整性，这里从更宏观和更实际的视角论述，学习者应融合贯通，灵活掌握。

1. 案例教学法

案例教学起源于美国商学院，通过分析商业案例来培养学生的商业素养。在法治教学中，国内外也广泛采用案例教学法。学校法治教学中的案例教学法是指法治教师用法治案例培养学生法治素养的教学方法。这种方法有助于提升学生的分析判断能力和实际操作能力，同时能够激发学生的主动性和学习兴趣。

学校法治教学案例源于社会生活，可以是刑事、民事、行政、诉讼、涉外等案例，也可以是社会治理案例。此外，法治教师还可以根据教学的需要自行设计案例，这些案例应基于真实生活，但又不局限于真实情况，可以适当调整内容以增强其典型性。

使用案例教学法要注意：选择具有代表性和典型性的案例，最好是经典案例，以确保案例能够说明问题。教师与学生之间应进行平等交流，共同探讨案例，尊重学生的观点，允许不同见解的存在，以培养学生的思考、判断和解决实际问题的能力。教师和学生都应做好充分准备，扩充相关知识，深入挖掘案例材料的价值，避免仅在表面讨论。

2. 法律条文朗读法

法律条文朗读法是一种通过朗读法律条文来培养学生法治能力和增强法治素养的教学方法。朗读的法条应为最新且与生活密切相关的法律、法规。宪法作为国家的根本大法，应定期开展朗读活动。

法律条文朗读法是学校法治教学的基本方法，在课堂教学中，教师要经常带领学生朗读基本法律。朗读法条要准确、严肃，培养朗学生对法条的敬意。朗读不仅是理解法律含义的过程，也是培养学生尊法、守法、护法精神的重要环节。为了推广法律条文朗读，学校应成立研究机构，专门研究法律条文朗读教学方法，并开展学术交流。健全法律条文朗读制度，加大资金投入，建立朗读设施，存放法律典籍供人朗读。定期举办法律条文朗读比赛，对优秀者颁发荣誉证书和奖金，以此激发社会成员的法治意识，落实全面依法治国战略，树立社会主义法治信仰。

3. 法治仪式法

狭义的法治仪式法是指学校教育中一种重要的教学方法；而从广义上讲，它也适用于政府公职人员、法律职业人员等的入职仪式。法治仪式不仅是法治社会的体现，也是法治精神和信仰的具体展现，对于推动法治进程具有重要的价值。法治仪式与传统文化仪式相契合，易于被社会大众接受。

法治仪式还可以成为一种重要的国民节日活动。应建立和完善相关制度，对法治仪式的各个方面，如身体语言、口头语言、服饰、举行场所、参与人员、时间和规格等，做出明确规定。在学校法治教学中，应积极推广法治仪式教学，培养学生敬法、尊法、崇法的习惯。

4. 法治参与法

法治参与法是指学生直接参与到法治活动中学习法治知识、理论，培养法治能力的教学方法。学生的参与需要老师、家长和社会有关人士的指导。学生参与的法治活动具有广泛性，包括但不限于以下几种情形：当学生的受教育权受到侵害时，依法进行维权；当学生的人身权受到侵害时，依法要求获得保护；以及在购买产品时与卖方形成的买卖法律关系等活动。

参与法治活动时，学生应做到以下几点：具备法治意识，从法治的角度参与活动；活动需由学生本人亲自参与，不可由他人代替；明确参与活动中的法律关系，包括民事、刑事或行政法律关系，以及其中的权利和义务。法治参与法使学生能够学习到生动实用的法律知识，而不仅仅是理论上的"死"法。这种方法强调法律与日常生活的紧密结合，有助于提高教学的实效性和学生的实践能力。

5. 法治体验法

法治体验法是指法治学习主体进入特定的法治场所获得法治感悟的教学方法。法治体验法分虚拟体验法和实体体验法。虚拟体验法是指法治学习主体进入网络虚拟空间,在虚拟场景获得体验,以此提升法治素养的方法。实体体验法是指在现实生活中,法治学习主体主动或者被动经历社会生活事件,从而获得法治经验,提高法治素养的方法。法治体验能促使人直接获得法治认知,容易培养法治情感,形成法治信仰。

# 参考文献

[1] 李朝辉. 教学论 [M]. 2版. 北京：清华大学出版社，2016.

[2] 裴娣娜. 教学论 [M]. 北京：教育科学出版社，2007.

[3] 石中英. 教育哲学导论 [M]. 北京：北京师范大学出版社，2004.

[4] 夸美纽斯. 大教学论 [M]. 傅任敢，译. 北京：教育科学出版社，2008.

[5] 李秉德. 教学论 [M]. 北京：人民教育出版社，2001.

[6] 裴娣娜. 现代教学论基础 [M]. 2版. 北京：人民教育出版社，2015.

[7] 汪青松. 世界社会主义与马克思主义中国化 [M]. 上海：上海社会科学院出版社，2018.

[8] 傅道春. 情境教育学 [M]. 哈尔滨：黑龙江教育出版社，1996.

[9] 蒲鸿志. 法制教育的人文价值研究 [M]. 北京：中国社会科学出版社，2015.

[10] 联合国教科文组织国际教育发展委员会. 学会生存：教育世界的今天和明天 [M]. 华东师范大学比较教育研究所，译. 北京：教育科学出版社，1996.

[11] 张焕庭. 西方资产阶级教育论著选 [M]. 北京：人民教育出版社，1979.

[12] 赫尔巴特. 普通教育学 [M]. 李其龙，译. 北京：人民教育出版社，2015.

[13] 黄济. 教育哲学通论 [M]. 太原：山西教育出版社，2005.

[14] 叶澜. 让课堂焕发出生命活力——论中小学教学改革的深化 [J]. 教育研究，1997（9）：3-8.

[15] 金生鈜. 大数据教育测评的规训隐忧——对教育工具化的哲学审视 [J]. 教育研究，2019，40（8）：33-41.

[16] 钟启泉. 基于核心素养的课程发展：挑战与课题 [J]. 全球教育展望，2016，45（1）：3-25.

[17] 刘霞，冯建军. 20世纪上半叶我国教科书统编的历史跌宕与问题探讨

[J]. 课程·教材·教法，2020，40（12）：53-60.

[18] 张美静，周美云. 新世纪 20 年数字教科书研究：焦点透视与未来走向[J]. 教育理论与实践，2021，41（16）：60-64.

[19] 许文芝. 论智慧课堂在高职教学中的应用［J］. 教育与职业，2021（12）：98-102.

[20] 孔利华，谭思远. 信息生态场域中的 AI 双师课堂：内涵、构建与评价［J］. 远程教育杂志，2021，39（3）：104-112.

[21] 冯建军. 道德教育与法治教育的融合：为何、以何［J］. 北京教育（普教版），2021（11）：33-34.

[22] 冯丹红. 青年德育与法育有效协同的实施路径［J］. 人民论坛，2021（36）：89-91.

[23] 丁晶，林巧丹. 深度学习视野下的小学《道德与法治》德法融合教学实践研究［J］. 宁德师范学院学报（哲学社会科学版），2021（4）：113-118.